Johann Wolfgang Goethe

Stella

Ein Schauspiel für Liebende

Johann Wolfgang Goethe: Stella. Ein Schauspiel für Liebende

Erstdruck: Berlin (Mylius) 1776. Uraufführung am 8.2. 1776 in Hamburg.

Neuausgabe mit einer Biographie des Autors
Herausgegeben von Karl-Maria Guth
Berlin 2016

Der Text dieser Ausgabe folgt:
Goethes Werke. Hamburger Ausgabe in 14 Bänden. Textkritisch durchgesehen und mit Anmerkungen versehen von Erich Trunz, Hamburg: Christian Wegener, 1948 ff.

Die Paginierung obiger Ausgabe wird hier als Marginalie zeilengenau mitgeführt.

Umschlaggestaltung von Thomas Schultz-Overhage unter Verwendung des Bildes: George Romney, Charlotte Bettesworth, 1778

Gesetzt aus der Minion Pro, 11 pt

Verlag: Henricus - Edition Deutsche Klassik GmbH
Mörchinger Str. 33, 14169 Berlin, info@henricus-verlag.de
Druck: Libri Plureos GmbH, Friedensallee 273, 22763 Hamburg

Die Ausgaben der Sammlung Hofenberg basieren auf zuverlässigen Textgrundlagen. Die Seitenkonkordanz zu anerkannten Studienausgaben machen Hofenbergtexte auch in wissenschaftlichem Zusammenhang zitierfähig.

ISBN 978-3-8430-9017-9

Bibliografische Information der Deutschen Nationalbibliothek

Die Deutsche Nationalbibliothek verzeichnet diese Publikation in der Deutschen Nationalbibliografie; detaillierte bibliografische Daten sind im Internet über www.dnb.de abrufbar.

Personen

Stella

Cäcilie, anfangs unter dem Namen Madame Sommer

Fernando

Lucie

Verwalter

Postmeisterin

Annchen

Karl

Bediente

Ein Postillion

Erster Akt

Im Posthause.
Man hört einen Postillion blasen. Postmeisterin.

POSTMEISTERIN. Karl! Karl!

Der Junge kommt.

DER JUNGE. Was is?

POSTMEISTERIN. Wo hat dich der Henker wieder? Geh hinaus; der Postwagen kommt. Führ die Passagiers herein, trag ihnen das Gepäck; rühr dich! Machst du wieder ein Gesicht? *Der Junge ab. Ihm nachrufend.* Wart, ich will dir dein muffig Wesen vertreiben. Ein Wirtsbursche muß immer munter, immer alert sein. Hernach, wenn so ein Schurke Herr wird, so verdirbt er. Wenn ich wieder heiraten möchte, so wär's nur darum; einer Frau allein fällt's gar zu schwer, das Pack in Ordnung zu halten!

Madame Sommer, Lucie, in Reisekleidern. Karl.

LUCIE *einen Mantelsack tragend, zu Karl.* Laß Er's nur, es ist nicht schwer; aber nehm Er meiner Mutter die Schachtel ab.

POSTMEISTERIN. Ihre Dienerin, meine Frauenzimmer! Sie kommen beizeiten. Der Wagen kommt sonst nimmer so früh.

LUCIE. Wir haben einen gar jungen, lustigen, hübschen Schwager gehabt, mit dem ich durch die Welt fahren möchte; und unser sind nur zwei, und wenig beladen.

POSTMEISTERIN. Wenn Sie zu speisen belieben, so sind Sie wohl so gütig zu warten; das Essen ist noch nicht gar fertig.

MADAME SOMMER. Darf ich Sie nur um ein wenig Suppe bitten?

LUCIE. Ich hab keine Eil. Wollten Sie indes meine Mutter versorgen?

POSTMEISTERIN. Sogleich.

LUCIE. Nur recht gute Brühe!

POSTMEISTERIN. So gut sie da ist. *Ab.*

MADAME SOMMER. Daß du dein Befehlen nicht lassen kannst! Du hättest, dünkt mich, die Reise über schon klug werden können! Wir haben immer mehr bezahlt als verzehrt; und in unsern Umständen –!

LUCIE. Es hat uns noch nie gemangelt.

MADAME SOMMER. Aber wir waren dran.

Postillion tritt herein.

LUCIE. Nun, braver Schwager, wie steht's? Nicht wahr, dein Trinkgeld?

POSTILLION. Hab' ich nicht gefahren wie Extrapost?

LUCIE. Das heißt, du hast auch was extra verdient; nicht wahr? Du solltest mein Leibkutscher werden, wenn ich nur Pferde hätte.

POSTILLION. Auch ohne Pferde steh ich zu Diensten.

LUCIE. Da!

POSTILLION. Danke, Mamsell! Sie gehn nicht weiter?

LUCIE. Wir bleiben für diesmal hier.

POSTILLION. Adies! *Ab.*

MADAME SOMMER. Ich seh' an seinem Gesicht, daß du ihm zu viel gegeben hast.

LUCIE. Sollte er mit Murren von uns gehen? Er war die ganze Zeit so freundlich. Sie sagen immer, Mama, ich sei eigensinnig; wenigstens eigennützig bin ich nicht.

MADAME SOMMER. Ich bitte dich, Lucie, verkenne nicht, was ich dir sage. Deine Offenheit ehr ich, wie deinen guten Mut und deine Freigebigkeit; aber es sind nur Tugenden, wo sie hingehören.

LUCIE. Mama, das Örtchen gefällt mir wirklich. Und das Haus da drüben ist wohl der Dame, der ich künftig Gesellschaft leisten soll?

MADAME SOMMER. Mich freut's, wenn der Ort deiner Bestimmung dir angenehm ist.

LUCIE. Stille mag's sein, das merk' ich schon. Ist's doch wie Sonntag auf dem großen Platze! Aber die gnädige Frau hat einen schönen Garten und soll eine gute Frau sein; wir wollen sehen, wie wir zurechtkommen. Was sehen Sie sich um, Mama?

MADAME SOMMER. Laß mich, Lucie! Glückliches Mädchen, das durch nichts erinnert wird! Ach damals war's anders! Mir ist nichts schmerzlicher, als in ein Posthaus zu treten.

LUCIE. Wo fänden Sie auch nicht Stoff, sich zu quälen?

MADAME SOMMER. Und wo nicht Ursache dazu? Meine Liebe, wie ganz anders war's damals, da dein Vater noch mit mir reiste: da wir die schönste Zeit unsers Lebens in freier Welt genossen; die ersten Jahre unserer Ehe! Damals hatte alles den Reiz der Neuheit für mich. Und in seinem Arm vor so tausend Gegenständen vorüberzueilen; da jede Kleinigkeit mir interessant ward, durch seinen Geist, durch seine Liebe! –

LUCIE. Ich mag auch wohl gerne reisen.

MADAME SOMMER. Und wenn wir denn nach einem heißen Tag, nach ausgestandenen Fatalitäten, schlimmen Weg im Winter, wenn wir eintraten in manche noch schlechtere Herberge, wie diese ist, und den Genuß der einfachsten Bequemlichkeit zusammen fühlten, auf der hölzernen Bank zusammen saßen, unsern Eierkuchen und abgesottene Kartoffeln zusammen aßen – – Damals war's anders!

LUCIE. Es ist nun einmal Zeit, ihn zu vergessen.

MADAME SOMMER. Weißt du, was das heißt: Vergessen! Gutes Mädchen, du hast, Gott sei Dank! noch nichts verloren, das nicht zu ersetzen gewesen wäre. Seit dem Augenblick, da ich gewiß ward, er habe mich verlassen, ist alle Freude meines Lebens dahin. Mich ergriff eine Verzweifelung. Ich mangelte mir selbst; ein Gott mangelte mir. Ich weiß mich des Zustands kaum zu erinnern.

LUCIE. Auch ich weiß nichts mehr, als daß ich auf Ihrem Bette saß und weinte, weil Sie weinten. Es war in der grünen Stube, auf dem kleinen Bette. Die Stube hat mir am wehsten getan, da wir das Haus verkaufen mußten.

MADAME SOMMER. Du warst sieben Jahre alt, und konntest nicht fühlen, was du verlorst.

Annchen, mit der Suppe. Die Postmeisterin. Karl.

ANNCHEN. Hier ist die Suppe für Madame.

MADAME SOMMER. Ich danke, meine Liebe! Ist das Ihr Töchterchen?

POSTMEISTERIN. Meine Stieftochter, Madame! aber da sie so brav ist, ersetzt sie mir den Mangel an eigenen Kindern.

MADAME SOMMER. Sie sind in Trauer?

POSTMEISTERIN. Für meinen Mann, den ich vor drei Monaten verlor. Wir haben nicht gar drei Jahre zusammen gelebt.

MADAME SOMMER. Sie scheinen doch ziemlich getröstet.

POSTMEISTERIN. O Madame! Unsereins hat so wenig Zeit zu weinen als leider zu beten. Das geht Sonntage und Werkeltage. Wenn der Pfarrer nicht manchmal auf den Text kommt, oder man ein Sterbelied singen hört. Karl, ein paar Servietten! deck hier am Ende auf.

LUCIE. Wem ist das Haus da drüben?

POSTMEISTERIN. Unserer Frau Baronesse. Eine allerliebste Frau.

MADAME SOMMER. Mich freut's, daß ich von einer Nachbarin bestätigen höre, was man uns in einer weiten Ferne beteuert hat. Meine Tochter wird künftig bei ihr bleiben und ihr Gesellschaft leisten.

POSTMEISTERIN. Dazu wünsche ich Ihnen Glück, Mamsell.

LUCIE. Ich wünsche, daß sie mir gefallen möge.

POSTMEISTERIN. Sie müßten einen sonderbaren Geschmack haben, wenn Ihnen der Umgang mit der gnädgen Frau nicht gefiele.

LUCIE. Desto besser! Denn wenn ich mich einmal nach jemanden richten soll, so muß Herz und Wille dabei sein; sonst geht's nicht.

POSTMEISTERIN. Nun! nun! wir reden bald wieder davon, und Sie sollen sagen, ob ich wahr gesprochen habe. Wer um unsre gnädige Frau lebt, ist glücklich; wird meine Tochter ein wenig größer, so soll sie ihr wenigstens einige Jahre dienen: es kommt dem Mädchen auf sein ganzes Leben zugute.

ANNCHEN. Wenn Sie sie nur sehn! Sie ist so lieb! so lieb! Sie glauben nicht, wie sie auf Sie wartet. Sie hat mich auch recht lieb. Wollen Sie denn nicht zu ihr gehn? Ich will Sie begleiten.

LUCIE. Ich muß mich erst zurecht machen, und will auch noch essen.

ANNCHEN. So darf ich doch hinüber, Mamachen? Ich will der gnädigen Frau sagen, daß die Mamsell gekommen ist.

POSTMEISTERIN. Geh nur!

MADAME SOMMER. Und sag ihr, Kleine, wir wollten gleich nach Tisch aufwarten. *Annchen ab.*

POSTMEISTERIN. Mein Mädchen hängt außerordentlich an ihr. Auch ist sie die beste Seele von der Welt, und ihre ganze Freude ist mit Kindern. Sie lehrt sie allerlei Arbeiten machen und singen. Sie läßt sich von Bauersmädchen aufwarten, bis sie ein Geschick haben, hernach sucht sie eine gute Kondition für sie; und so vertreibt sie sich die Zeit, seit ihr Gemahl weg ist. Es ist unbegreiflich, wie sie so unglücklich sein kann, und dabei so freundlich, so gut.

MADAME SOMMER. Ist sie nicht Witwe?

POSTMEISTERIN. Das weiß Gott! Ihr Herr ist vor drei Jahren weg, und hört und sieht man nichts von ihm. Und sie hat ihn geliebt über alles. Mein Mann konnte nie fertig werden, wenn er anfing, von ihnen zu erzählen. Und noch! Ich sag's selbst, es gibt so kein Herz auf der Welt mehr. Alle Jahre den Tag, da sie ihn zum letzten

Mal sah, läßt sie keine Seele zu sich, schließt sich ein, und auch sonst, wenn sie von ihm red't, geht's einem durch die Seele.

MADAME SOMMER. Die Unglückliche!

POSTMEISTERIN. Es läßt sich von der Sache viel reden.

MADAME SOMMER. Wie meinen Sie?

POSTMEISTERIN. Man sagt's nicht gern.

MADAME SOMMER. Ich bitte Sie!

POSTMEISTERIN. Wenn Sie mich nicht verraten wollen, kann ich's Ihnen wohl vertrauen. Es sind nun über die acht Jahre, daß sie hierher kamen. Sie kauften das Rittergut; niemand kannte sie; man hieß sie den gnädigen Herrn und die gnädige Frau, und hielt ihn für einen Offizier, der in fremden Kriegsdiensten reich geworden war und sich nun zur Ruhe setzen wollte. Sie war damals blutjung, nicht älter als sechzehn Jahr, und schön wie ein Engel.

LUCIE. Da wär sie jetzt nicht über vierundzwanzig?

POSTMEISTERIN. Sie hat für ihr Alter Betrübnis genug erfahren. Sie hatte ein Kind; es starb ihr bald; im Garten ist sein Grab, nur von Rasen, und seit der Herr weg ist, hat sie eine Einsiedelei dabei angelegt und ihr Grab dazu bestellen lassen. Mein Mann seliger war bei Jahren und nicht leicht zu rühren; aber er erzählte nichts lieber als von der Glückseligkeit der beiden Leute, solang sie hier zusammen lebten. Man war ein ganz anderer Mensch, sagte er, nur zuzusehn, wie sie sich liebten.

MADAME SOMMER. Mein Herz bewegt sich nach ihr.

POSTMEISTERIN. Aber wie's geht. Man sagte, der Herr hätte kuriose Principia gehabt; wenigstens kam er nicht in die Kirche; und die Leute, die keine Religion haben, haben keinen Gott und halten sich an keine Ordnung. Auf einmal hieß es: Der gnädige Herr ist fort. Er war verreist und kam eben nicht wieder.

MADAME SOMMER *vor sich.* Ein Bild meines ganzen Schicksals!

POSTMEISTERIN. Da waren alle Mäuler davon voll. Eben zur Zeit, da ich als eine junge Frau hierher zog, auf Michael sind's eben drei Jahre. Und da wußt jedes was anders, sogar zischelte man einander in die Ohren, sie seien niemals getraut gewesen; aber verraten Sie mich nicht. Er soll wohl ein vornehmer Herr sein, soll sie entführt haben, und was man alles sagt. Ja, wenn ein junges Mädchen so einen Schritt tut, sie hat ihr Leben lang dran abzubüßen.

Annchen kommt.

ANNCHEN. Die gnädige Frau läßt Sie sehr bitten, doch gleich hinüberzukommen; sie will Sie nur einen Augenblick sprechen, nur sehen.

LUCIE. Es schickt sich nicht in diesen Kleidern.

POSTMEISTERIN. Gehn Sie nur, ich geb Ihnen mein Wort, daß sie darauf nicht achtet.

LUCIE. Will Sie mich begleiten, Kleine?

ANNCHEN. Von Herzen gern!

MADAME SOMMER. Lucie, ein Wort! *Die Postmeisterin entfernt sich.* Daß du nichts verrätst! nicht unsern Stand, nicht unser Schicksal. Begegne ihr ehrerbietig.

LUCIE. Lassen Sie mich nur! Mein Vater war ein Kaufmann, ist nach Amerika, ist tot; und dadurch sind unsere Umstände – Lassen Sie mich nur; ich hab das Märchen ja schon oft genug erzählt. *Laut.* Wollten Sie nicht ein bißchen ruhen? Sie haben's not. Die Frau Wirtin weist Ihnen wohl ein Zimmerchen mit einem Bett an.

POSTMEISTERIN. Ich hab eben ein hübsches, stilles Zimmerchen im Garten. *Zu Lucien.* Ich wünsche, daß Ihnen die gnädige Frau gefallen möge. *Lucie mit Annchen ab.*

MADAME SOMMER. Meine Tochter ist noch ein bißchen obenaus.

POSTMEISTERIN. Das tut die Jugend. Werden sich schon legen, die stolzen Wellen.

MADAME SOMMER. Desto schlimmer.

POSTMEISTERIN. Kommen Sie, Madame, wenn's gefällig ist.

Beide ab.
Man hört einen Postillion.
Fernando, in Offizierstracht. Ein Bedienter.

BEDIENTER. Soll ich gleich wieder einspannen und Ihre Sachen aufpacken lassen?

FERNANDO. Du sollst's hereinbringen, sag ich dir; herein. Wir gehen nicht weiter, hörst du.

BEDIENTER. Nicht weiter? Sie sagten ja –

FERNANDO. Ich sage, laß dir ein Zimmer anweisen und bring meine Sachen dorthin. *Bedienter ab.*

FERNANDO *ans Fenster tretend.* So seh ich dich wieder? Himmlischer Anblick! So seh ich dich wieder? Den Schauplatz all meiner Glückseligkeit! Wie still das ganze Haus ist! Kein Fenster offen! Die Galerie wie öde, auf der wir so oft zusammen saßen! Merk dir's, Fernando, das klösterliche Ansehn ihrer Wohnung, wie schmeichelt es deinen Hoffnungen! Und sollte, in ihrer Einsamkeit, Fernando ihr Gedanke, ihre Beschäftigung sein? Und hat er's um sie verdient? O! mir ist, als wenn ich nach einem langen, kalten, freudelosen Todesschlaf ins Leben wieder erwachte; so neu, so bedeutend ist mir alles. Die Bäume, der Brunnen, noch alles, alles! So lief das Wasser aus eben den Röhren, wenn ich, ach, wie tausendmal! mit ihr gedankenvoll aus unserm Fenster schaute, und jedes, in sich gekehrt, still dem Rinnen des Wassers zusah! Sein Geräusch ist mir Melodie, rückerinnernde Melodie. Und sie? Sie wird sein, wie sie war. Ja, Stella, du hast dich nicht verändert; das sagt mir mein Herz. Wie's dir entgegenschlägt! Aber ich will nicht, ich darf nicht! Ich muß mich erst erholen, muß mich erst überzeugen, daß ich wirklich hier bin, daß mich kein Traum täuscht, der mich so oft schlafend und wachend aus den fernsten Gegenden hierher geführt hat. Stella! Stella! Ich komme! fühlst du nicht meine Näherung? in deinen Armen alles zu vergessen! – Und wenn du um mich schwebst, teurer Schatten meines unglücklichen Weibes, vergib mir, verlaß mich! Du bist dahin; so laß mich dich vergessen, in den Armen des Engels alles vergessen, meine Schicksale, allen Verlust, meine Schmerzen, und meine Reue – Ich bin ihr so nah und so ferne – Und in einem Augenblick – Ich kann nicht, ich kann nicht! Ich muß mich erholen, oder ich ersticke zu ihren Füßen.

Postmeisterin kommt.

POSTMEISTERIN. Verlangen der gnädige Herr zu speisen?
FERNANDO. Sind Sie versehen?
POSTMEISTERIN. O ja! wir warten nur auf ein Frauenzimmer, das hinüber zur gnädigen Frau ist.
FERNANDO. Wie geht's Ihrer gnädigen Frau?
POSTMEISTERIN. Kennen Sie sie?
FERNANDO. Vor Jahren war ich wohl manchmal da. Was macht ihr Gemahl?
POSTMEISTERIN. Weiß Gott. Er ist in die weite Welt.

FERNANDO. Fort?

POSTMEISTERIN. Freilich! Verläßt die liebe Seele! Gott verzeih's ihm!

FERNANDO. Sie wird sich schon zu trösten wissen.

POSTMEISTERIN. Meinen Sie doch? Da müssen Sie sie wenig kennen. Sie lebt wie eine Nonne, so eingezogen, die Zeit ich sie kenne. Fast kein Fremdes, kein Besuch aus der Nachbarschaft kommt zu ihr. Sie lebt mit ihren Leuten, hat die Kinder des Orts alle an sich und ist, ungeachtet ihres innern Schmerzens, immer freundlich, immer angenehm.

FERNANDO. Ich will sie doch besuchen.

POSTMEISTERIN. Das tun Sie. Manchmal läßt sie uns invitieren, die Frau Amtmännin, die Frau Pfarrerin und mich, und diskuriert mit uns von allerlei. Freilich hüten wir uns, sie an den gnädigen Herrn zu erinnern. Ein einzigmal geschah's. Gott weiß, wie's uns wurde, da sie anfing, von ihm zu reden, ihn zu preisen, zu weinen. Gnädiger Herr, wir haben alle geweint wie die Kinder, und uns fast nicht erholen können.

FERNANDO *vor sich.* Das hast du um sie verdient! – *Laut.* Ist meinem Bedienten ein Zimmer angewiesen?

POSTMEISTERIN. Eine Treppe hoch. Karl, zeig dem gnädigen Herrn das Zimmer! *Fernando mit dem Jungen ab.*

Lucie, Annchen kommen.

POSTMEISTERIN. Nun, wie ist's?

LUCIE. Ein liebes Weibchen, mit der ich mich vertragen werde. Sie haben nicht zuviel von ihr gesagt. Sie wollt mich nicht lassen. Ich mußte ihr heilig versprechen, gleich nach Tisch mit meiner Mutter und dem Gepäck zu kommen.

POSTMEISTERIN. Das dacht ich wohl! Ist's jetzt gefällig zu essen? Noch ein schöner langer Offizier ist angefahren, wenn Sie den nicht fürchten.

LUCIE. Nicht im geringsten. Mit Soldaten hab ich lieber zu tun als mit andern. Sie verstellen sich wenigstens nicht, daß man die Guten und Bösen gleich das erste Mal kennt. Schläft meine Mutter?

POSTMEISTERIN. Ich weiß nicht.

LUCIE. Ich muß doch nach ihr sehn. *Ab.*

POSTMEISTERIN. Karl! Da ist wieder das Salzfaß vergessen. Heißt das geschwenkt? Sieh nur die Gläser! Ich sollt dir sie am Kopf entzwei schmeißen, wenn du so viel wert wärst, als sie kosten!

Fernando kommt.

POSTMEISTERIN. Das Frauenzimmer ist wieder da. Sie wird gleich zu Tisch kommen.

FERNANDO. Wer ist sie?

POSTMEISTERIN. Ich kenn sie nicht. Sie scheint von gutem Stande, aber ohne Vermögen; sie wird künftig der gnädgen Frau zur Gesellschaft sein.

FERNANDO. Sie ist jung?

POSTMEISTERIN. Sehr jung; und schnippisch. Ihre Mutter ist auch droben.

Lucie kommt.

LUCIE. Ihre Dienerin!

FERNANDO. Ich bin glücklich, eine so schöne Tischgesellschaft zu finden. *Lucie neigt sich.*

POSTMEISTERIN. Hierher, Mamsell! Und Sie belieben hierher!

FERNANDO. Wir haben nicht die Ehre von Ihnen, Frau Postmeisterin?

POSTMEISTERIN. Wenn ich einmal ruhe, ruht alles. *Ab.*

FERNANDO. Also ein Tête-à-tête!

LUCIE. Den Tisch dazwischen, wie ich's wohl leiden kann.

FERNANDO. Sie haben sich entschlossen, der Frau Baronesse künftig Gesellschaft zu leisten?

LUCIE. Ich muß wohl!

FERNANDO. Mich dünkt, Ihnen sollt' es nicht fehlen, einen Gesellschafter zu finden, der noch unterhaltender wäre als die Frau Baronesse.

LUCIE. Mir ist nicht drum zu tun.

FERNANDO. Auf Ihr ehrlich Gesicht?

LUCIE. Mein Herr, Sie sind wie alle Männer, merk ich!

FERNANDO. Das heißt?

LUCIE. Auf den Punkt sehr arrogant. Ihr Herren dünkt euch unentbehrlich; und ich weiß nicht, ich bin doch groß geworden ohne Männer.

FERNANDO. Sie haben keinen Vater mehr?

LUCIE. Ich erinnere mich kaum, daß ich einen hatte. Ich war jung, da er uns verließ, eine Reise nach Amerika zu tun, und sein Schiff ist untergegangen, hören wir.

FERNANDO. Und Sie scheinen so gleichgültig dabei?

LUCIE. Wie könnt ich anders? Er hat mir wenig zuliebe getan; und ob ich's ihm gleich verzeihe, daß er uns verlassen hat – denn was geht dem Menschen über seine Freiheit? –, so möcht ich doch nicht meine Mutter sein, die vor Kummer stirbt.

FERNANDO. Und Sie sind so ohne Hülfe, ohne Schutz?

LUCIE. Was braucht's das? Unser Vermögen ist alle Tage kleiner worden; dafür auch ich alle Tage größer; und mir ist's nicht bange, meine Mutter zu ernähren.

FERNANDO. Mich erstaunt Ihr Mut!

LUCIE. O, mein Herr, der gibt sich. Wenn man so oft unterzugehen fürchtet und sich immer wieder gerettet sieht, das gibt ein Zutrauen!

FERNANDO. Davon Sie Ihrer lieben Mutter nichts mitteilen können?

LUCIE. Leider ist sie, die verliert, nicht ich. Ich dank's meinem Vater, daß er mich auf die Welt gesetzt hat, denn ich lebe gern und vergnügt; aber sie – die alle Hoffnung des Lebens auf ihn gesetzt, ihm den Flor ihrer Jugend aufgeopfert hatte, und nun verlassen, auf einmal verlassen – – Das muß was Entsetzliches sein, sich verlassen zu fühlen! – Ich habe noch nichts verloren; ich kann nichts davon reden. – Sie scheinen nachdenkend!

FERNANDO. Ja, meine Liebe, wer lebt, verliert; *Aufstehend.* aber er gewinnt auch. Und so erhalt Ihnen Gott Ihren Mut! *Er nimmt ihre Hand.* Sie haben mich erstaunen machen. O, mein Kind, wie glücklich! – – Ich bin auch in der Welt gar viel, gar oft von meinen Hoffnungen – Freuden – Es ist doch immer – Und –

LUCIE. Wie meinen Sie?

FERNANDO. Alles Gute! die besten, wärmsten Wünsche für Ihr Glück! *Ab.*

LUCIE. Das ist ein wunderbarer Mensch! Er scheint aber gut zu sein.

13

Zweiter Akt

Stella. Ein Bedienter.

STELLA. Geh hinüber, geschwind hinüber! Sag ihr, ich erwarte sie.

BEDIENTER. Sie versprach, gleich zu kommen.

STELLA. Du siehst ja, sie kommt nicht. Ich hab das Mädchen recht lieb. Geh! – Und ihre Mutter soll ja mitkommen! *Bedienter ab.*

STELLA. Ich kann sie kaum erwarten. Was das für ein Wünschen, ein Hoffen ist, bis so ein neues Kleid ankommt! Stella! du bist ein Kind. Und warum soll ich nicht lieben? – Ich brauche viel, viel, um dies Herz auszufüllen! – Viel? Arme Stella? Viel? – Sonst, da er dich noch liebte, noch in deinem Schoße lag, füllte sein Blick deine ganze Seele; und – o Gott im Himmel! dein Ratschluß ist unerforschlich. Wenn ich von seinen Küssen meine Augen zu dir hinauf wendete, mein Herz an dem seinen glühte, und ich mit bebenden Lippen seine große Seele in mich trank, und ich dann mit Wonnetränen zu dir hinaufsah, und aus vollem Herzen zu dir sprach: Laß uns glücklich, Vater! du hast uns so glücklich gemacht! – Es war dein Wille nicht – *Sie fällt einen Augenblick in Nachdenken, fährt dann schnell auf und drückt ihre Hände ans Herz.* Nein, Fernando, nein, das war kein Vorwurf!

Madame Sommer, Lucie kommen.

STELLA. Ich habe sie! Liebes Mädchen, du bist nun die Meine. – Madame, ich danke Ihnen für das Zutrauen, mit dem Sie mir den Schatz in die Hände liefern. Das kleine Trotzköpfchen, die gute freie Seele. O, ich hab dir's schon abgelernt, Lucie.

MADAME SOMMER. Sie fühlen, was ich Ihnen bringe und lasse.

STELLA *nach einer Pause, in der sie Madame Sommer angesehen hat.* Verzeihen Sie! Man hat mir Ihre Geschichte berichtet, ich weiß, daß ich Personen von guter Familie vor mir habe; aber Ihre Gegenwart überrascht mich. Ich fühle im ersten Anblick Vertrauen und Ehrfurcht gegen Sie.

MADAME SOMMER. Gnädige Frau –

STELLA. Nichts davon. Was mein Herz gesteht, bekennt mein Mund gern. Ich höre, Sie sind nicht wohl; wie ist's Ihnen? Setzen Sie sich!

MADAME SOMMER. Doch, gnädige Frau! Diese Reise in den Frühlingstagen, die abwechselnden Gegenstände und diese reine, segensvolle Luft, die sich schon so oft für mich mit neuer Erquickung gefüllt hat, das wirkte alles auf mich so gut, so freundlich, daß selbst die Erinnerung abgeschiedener Freuden mir ein angenehmes Gefühl wurde, ich einen Widerschein der goldenen Zeiten der Jugend und Liebe in meiner Seele aufdämmern sah.

STELLA. Ja die Tage! die ersten Tage der Liebe! – Nein, du bist nicht zum Himmel zurückgekehrt, goldne Zeit! du umgibst noch jedes Herz in den Momenten, da sich die Blüte der Liebe erschließt.

MADAME SOMMER *ihre Hände fassend.* Wie groß! Wie lieb!

STELLA. Ihr Angesicht glänzt wie das Angesicht eines Engels, Ihre Wangen färben sich!

MADAME SOMMER. Ach und mein Herz! Wie geht es auf! wie schwillt's vor Ihnen!

STELLA. Sie haben geliebt! O Gott sei Dank! Ein Geschöpf, das mich versteht! das Mitleiden mit mir haben kann! das nicht kalt zu meinen Schmerzen dreinblickt! – Wir können ja doch einmal nichts dafür, daß wir so sind! – Was hab ich nicht alles getan! Was nicht alles versucht! – Ja, was half's? – Es wollte das – just das – und keine Welt, und sonst nichts in der Welt – Ach! der Geliebte ist überall, und alles ist für den Geliebten.

MADAME SOMMER. Sie tragen den Himmel im Herzen.

STELLA. Eh ich mich's verseh, wieder sein Bild! – So richtete er sich auf, in der und jener Gesellschaft, und sah sich nach mir um – So kam er dort übers Feld her gesprengt, und warf sich an der Gartentür in meinen Arm. – Dahinaus sah ich ihn fahren, dahinaus – ach, und er war wiedergekommen – war seiner Wartenden wiedergekommen – – Kehr ich mit meinen Gedanken in das Geräusch der Welt – er ist da! Wenn ich so in der Loge saß und gewiß war, wo er auch steckte, ich mochte ihn sehen oder nicht, daß er jede meiner Bewegungen bemerkte und liebte, mein Aufstehen, mein Niedersitzen! Ich fühlte, daß das Schütteln meines Federbusches ihn mehr anzog als all die blinkenden Augen ringsum, daß alle Musik nur Melodie zu dem ewigen Liede seines Herzens war: »Stella! Stella! Wie lieb du mir bist!«

LUCIE. Kann man denn einander so lieb haben?

STELLA. Du fragst, Kleine? Da kann ich dir nicht antworten – Aber mit was unterhalt ich euch! – – Kleinigkeiten! wichtige Kleinigkeiten – Wahrlich, man ist doch ein großes Kind, und es ist einem so wohl dabei – Eben wie die Kinder sich hinter ihr Schürzchen verstecken und rufen Piep! daß man sie suchen soll! – – Wie ganz füllt das unser Herz, wenn wir, beleidigt, den Gegenstand unsrer Liebe zu verlassen bei uns sehr eifrig festsetzen; mit welchen Verzerrungen von Seelenstärke treten wir wieder in seine Gegenwart! wie übt sich das in unserm Busen auf und ab! und wie platzt es zuletzt wieder, auf Einen Blick, Einen Händedruck, zusammen.

MADAME SOMMER. Wie glücklich! Sie leben doch noch ganz in dem Gefühl der jüngsten, reinsten Menschheit.

STELLA. Ein Jahrtausend von Tränen und Schmerzen vermöchten die Seligkeit nicht aufzuwiegen der ersten Blicke, des Zitterns, Stammelns, des Nahens, Weichens – des Vergessens sein selbst – den ersten flüchtigen, feurigen Kuß, und die erste, ruhigatmende Umarmung – Madame! Sie versinken, meine Teure! Wo sind Sie?

MADAME SOMMER. Männer! Männer!

STELLA. Sie machen uns glücklich und elend! Mit welchen Ahndungen von Seligkeit erfüllen sie unser Herz! Welche neue, unbekannte Gefühle und Hoffnungen schwellen unsere Seele, wenn ihre stürmende Leidenschaft sich jeder unserer Nerven mitteilt. Wie oft hat alles an mir gezittert und geklungen, wenn er in unbändigen Tränen die Leiden einer Welt an meinem Busen hinströmte! Ich bat ihn um Gottes willen, sich zu schonen! – mich! – Vergebens – Bis ins innerste Mark fachte er mir die Flammen, die ihn so durchwühlten. Und so ward das Mädchen vom Kopf bis zu den Sohlen ganz Herz, ganz Gefühl. Und wo ist denn nun der Himmelsstrich für dies Geschöpf, um drin zu atmen, um Nahrung drunter zu finden?

MADAME SOMMER. Wir glauben den Männern! In den Augenblicken der Leidenschaft betrügen sie sich selbst – warum sollten wir nicht betrogen werden?

STELLA. Madame! Da fährt mir ein Gedanke durch den Kopf – Wir wollen einander das sein, was sie uns hätten werden sollen! Wir wollen zusammen bleiben! – Ihre Hand! – Von diesem Augenblick an laß ich Sie nicht!

320

LUCIE. Das wird nicht angehn!

STELLA. Warum, Lucie?

MADAME SOMMER. Meine Tochter fühlt –

STELLA. Doch keine Wohltat in diesem Vorschlag! Fühlen Sie, welche Wohltat Sie mir tun, wenn Sie bleiben! O ich darf nicht allein sein! Liebe, ich hab alles getan, ich hab mir Federvieh und Reh und Hunde angeschafft; ich lehre kleine Mädchen stricken und knüpfen, nur um nicht allein zu sein, nur um was außer mir zu sehen, das lebt und zunimmt. Und dann doch, wenn mir's glückt, wenn eine gute Gottheit mir an einem heitern Frühlingsmorgen den Schmerz von der Seele weggehoben zu haben scheint; wenn ich ruhig erwache, und die liebe Sonne auf meinen blühenden Bäumen leuchtet, und ich mich tätig, munter fühle zu den Geschäften des Tages: dann ist mir's wohl, dann treib ich eine Zeitlang herum, verrichte und ordne, und führe meine Leute an, und in der Freiheit meines Herzens dank ich laut auf zum Himmel für die glücklichen Stunden.

MADAME SOMMER. Ach ja, gnädige Frau, ich fühl's! Geschäftigkeit und Wohltätigkeit sind eine Gabe des Himmels, ein Ersatz für unglücklichliebende Herzen.

STELLA. Ersatz? Entschädigung wohl, nicht Ersatz – Etwas anstatt des Verlornen, nicht das Verlorne selbst mehr – Verlorne Liebe! wo ist da Ersatz für? – O wenn ich manchmal von Gedanken in Gedanken sinke, freundliche Träume der Vergangenheit vor meine Seele bringe, hoffnungsvolle Zukunft ahnde, und so in des Mondes Dämmerung meinen Garten auf und ab walle, dann mich's auf einmal ergreift! ergreift, daß ich allein bin, vergebens nach allen vier Winden meine Arme ausstrecke, den Zauber der Liebe vergebens mit einem Drang, einer Fülle ausspreche, daß ich meine, ich müßte den Mond herunterziehen – und ich allein bin, keine Stimme mir aus dem Gebüsch antwortet, und die Sterne kalt und freundlich über meine Qual herabblinken! Und dann, auf einmal das Grab meines Kindes zu meinen Füßen. –

MADAME SOMMER. Sie hatten ein Kind?

STELLA. Ja, meine Beste! O Gott, du hattest mir diese Seligkeit auch nur zu kosten gegeben, um mir einen bittern Kelch auf mein ganzes Leben zu bereiten. – Wenn so ein Bauerkind auf dem Spaziergange barfuß mir entgegenläuft, und mit den großen unschuldigen Augen mir eine Kußhand reicht, es durchdringt mir Mark und Gebeine! So groß, denk ich, wär meine Mina! Ich heb es ängstlich liebend in die Höhe, küß es hundertmal; mein Herz ist zerrissen, die Tränen stürzen aus meinen Augen, und ich fliehe!

LUCIE. Sie haben doch auch viel Beschwerlichkeit weniger.

STELLA *lächelt und klopft ihr die Achseln.* Wie ich nur noch empfinden kann! wie die schrecklichen Augenblicke mich nicht getötet haben! – Es lag vor mir! abgepflückt die Knospe! und ich stand – versteinert im innersten Busen – ohne Schmerz – ohne Bewußtsein –– ich stand! – Da nahm die Wärterin das Kind auf, drückte es an ihr Herz, und rief auf einmal: Es lebt! – Ich fiel auf sie, ihr um den Hals, mit tausend Tränen auf das Kind – ihr zu Füßen – – Ach, und sie hatte sich betrogen! Tot lag es da, und ich neben ihm in wütender, gräßlicher Verzweiflung. *Sie wirft sich in einen Sessel.*

MADAME SOMMER. Wenden Sie Ihre Gedanken von den traurigen Szenen.

STELLA. Nein! Wohl, sehr wohl ist mir's, daß mein Herz sich wieder öffnen, daß ich das alles losschwätzen kann, was mich so drängt! – Ja, wenn ich euch einmal anfange, von ihm zu erzählen, der mir alles war! – der – Ihr sollt sein Porträt sehn! – sein Porträt – O, mich dünkt immer, die Gestalt des Menschen ist der beste Text zu allem, was sich über ihn empfinden und sagen läßt.

LUCIE. Ich bin neugierig.

STELLA *eröffnet ihr Kabinett und führt sie hinein.* Hier, meine Lieben, hier!

MADAME SOMMER. Gott!

STELLA. So! – So! – Und doch nicht den tausendsten Teil, wie er war. Diese Stirn, diese schwarze Augen, diese braune Locken, dieser Ernst – Aber ach, er hat nicht ausdrücken können die Liebe, die Freundlichkeit, wenn seine Seele sich ergoß! O mein Herz, das fühlst du allein!

322

LUCIE. Madame, ich erstaune!

STELLA. Es ist ein Mann!

LUCIE. Ich muß Ihnen sagen, heut aß ich drüben mit einem Offizier im Posthause, der diesem Herrn gleicht – O er ist es selbst! ich will mein Leben wetten.

STELLA. Heute? Du betrügst dich! Du betrügst mich!

LUCIE. Heute! Nur war jener älter, brauner verbrannt von der Sonne. Er ist's! Er ist's!

STELLA *zieht die Schelle.* Lucie, mein Herz zerspringt! Ich will hinüber!

LUCIE. Es wird sich nicht schicken.

STELLA. Schicken? O mein Herz! –

Bedienter kommt.

STELLA. Wilhelm, hinüber ins Posthaus! hinüber! Ein Offizier ist drüben, der soll – der ist – Lucie, sag's ihm – Er soll herüberkommen.

LUCIE. Kannte Er den gnädigen Herrn?

BEDIENTER. Wie mich selbst.

LUCIE. So geh Er ins Posthaus; es ist ein Offizier drüben, der ihm außerordentlich gleicht. Seh Er, ob ich mich betrüge. Ich schwöre, er ist's.

STELLA. Sag ihm, er soll kommen, kommen! geschwind! geschwind! – Wär das überstanden! – Hätt ich ihn in diesen, in – Du betrügst dich! Es ist unmöglich. – Laßt mich, ihr Lieben, laßt mich allein! – *Sie schließt das Kabinett hinter sich.*

LUCIE. Was fehlt Ihnen, meine Mutter? Wie blaß!

MADAME SOMMER. Das ist der letzte Tag meines Lebens! Das trägt mein Herz nicht! Alles, alles auf einmal.

LUCIE. Großer Gott!

MADAME SOMMER. Der Gemahl – Das Bild – Der Erwartete – Geliebte! – – Das ist mein Gemahl! – Es ist dein Vater!

LUCIE. Mutter! beste Mutter!

MADAME SOMMER. Und der ist hier! – wird in ihre Arme sinken, in wenig Minuten! – Und wir? – Lucie, wir müssen fort!

LUCIE. Wohin Sie wollen.

MADAME SOMMER. Gleich!

LUCIE. Kommen Sie in den Garten. Ich will ins Posthaus. Wenn nur der Wagen noch nicht fort ist, so können wir ohne Abschied in der Stille – inzwischen sie, berauscht von Glück –

MADAME SOMMER. In aller Wonne des Wiedersehens ihn umfassend – Ihn! Und ich in dem Augenblick, da ich ihn wieder finde – auf ewig! auf ewig!

Fernando, Bedienter kommen.

BEDIENTER. Hierher! Kennen Sie ihr Kabinett nicht mehr? Sie ist außer sich! Ach! daß Sie wieder da sind!

Fernando vorbei, über sie hinsehend.

MADAME SOMMER. Er ist's! Er ist's! – Ich bin verloren! 324

Dritter Akt

Stella in aller Freude hineintretend mit Fernando.

STELLA *zu den Wänden.* Er ist wieder da! Seht ihr ihn? Er ist wieder da! *Vor das Gemälde einer Venus tretend.* Siehst du ihn, Göttin? Er ist wieder da! Wie oft bin ich Törin auf und ab gelaufen, hier, und habe geweint, geklagt vor dir. Er ist wieder da! Ich traue meinen Sinnen nicht. Göttin! ich habe dich so oft gesehen, und er war nicht da – Nun bist du da, und er ist da! – Lieber! Lieber! Du warst lange weg! – Aber du bist da! *Ihm um den Hals fallend.* Du bist da! Ich will nichts fühlen, nichts hören, nichts wissen, als daß du da bist!

FERNANDO. Stella! meine Stella! *An ihrem Halse.* Gott im Himmel, du gibst mir meine Tränen wieder!

STELLA. O du Einziger!

FERNANDO. Stella! laß mich wieder deinen lieben Atem trinken, deinen Atem, gegen den mir alle Himmelsluft leer, unerquicklich war! – –

STELLA. Lieber! – –

FERNANDO. Hauche in diesen ausgetrockneten, verstürmten, zerstörten Busen wieder neue Liebe, neue Lebenswonne, aus der Fülle deines Herzens! *Er hängt an ihrem Munde.*

STELLA. Bester!

FERNANDO. Erquickung! Erquickung! – Hier, wo du atmest, schwebt alles in genüglichem, jungem Leben. Lieb und bleibende Treue würden hier den ausgedorrten Vagabunden fesseln.

STELLA. Schwärmer!

FERNANDO. Du fühlst nicht, was Himmelstau dem Dürstenden ist, der aus der öden, sandigen Welt an deinen Busen zurückkehrt.

STELLA. Und die Wonne des Armen? Fernando! sein verirrtes, verlornes, einziges Schäfchen wieder an sein Herz zu drücken?

FERNANDO *zu ihren Füßen.* Meine Stella!

STELLA. Auf, Bester! Steh auf! Ich kann dich nicht knieen sehen.

FERNANDO. Laß das! Lieg ich doch immer vor dir auf den Knieen; beugt sich doch immer mein Herz vor dir, unendliche Liebe und Güte!

STELLA. Ich habe dich wieder! – Ich kenne mich nicht, ich verstehe mich nicht! Im Grunde, was tut's?

FERNANDO. Mir ist's wieder wie in den ersten Augenblicken unsrer Freuden. Ich hab dich in meinen Armen, ich sauge die Gewißheit deiner Liebe auf deinen Lippen, und taumle, und frage mich staunend, ob ich wache oder träume.

STELLA. Nun, Fernando, wie ich spüre, gescheiter bist du nicht geworden.

FERNANDO. Da sei Gott für! – Aber diese Augenblicke von Wonne in deinen Armen machen mich wieder gut, wieder fromm. – Ich kann beten, Stella; denn ich bin glücklich.

STELLA. Gott verzeih dir's, daß du so ein Bösewicht, und so gut bist – Gott verzeih dir's, der dich so gemacht hat so – flatterhaft und so treu! – Wenn ich den Ton deiner Stimme höre, so mein ich doch gleich wieder, das wäre Fernando, der nichts in der Welt liebte als mich!

FERNANDO. Und ich, wenn ich in dein blaues, süßes Aug dringe, und drin mich mit Forschen verliere, so mein ich, die ganze Zeit meines Wegseins hätte kein ander Bild drin gewohnet als das meine.

STELLA. Du irrst nicht. 325

FERNANDO. Nicht? –

STELLA. Ich würde dir's bekennen! – Gestand ich dir nicht in den ersten Tagen meiner vollen Liebe zu dir alle kleine Leidenschaften, die je mein Herz gerührt hatten? Und ward ich dir darum nicht lieber? –

FERNANDO. Du Engel!

STELLA. Was siehst du mich so an? Nicht wahr, ich bin älter worden? Nicht wahr, das Elend hat die Blüte von meinen Wangen gestreift? –

FERNANDO. Rose! meine süße Blume! Stella! – Was schüttelst du den Kopf?

STELLA. – Daß man euch so lieb haben kann! – Daß man euch den Kummer nicht anrechnet, den ihr uns verursachet!

FERNANDO *ihre Locken streichelnd.* Ob du wohl graue Haare davon gekriegt hast? – Es ist dein Glück, daß sie so blond ohne das sind – Zwar ausgefallen scheinen dir keine zu sein. *Er zieht ihr den Kamm aus den Haaren, und sie rollen tief herunter.*

STELLA. Mutwille!

FERNANDO *seine Arme drein wickelnd.* Rinaldo wieder in den alten Ketten!

Bedienter kommt.

BEDIENTER. Gnädige Frau!

STELLA. Was hast du? Du machst ein verdrießlich, ein kaltes Gesicht; du weißt, die Gesichter sind mein Tod, wenn ich vergnügt bin.

BEDIENTER. Und doch, gnädige Frau – Die zwei Fremden wollen fort.

STELLA. Fort? Ach!

BEDIENTER. Wie ich sage. Ich sah die Tochter ins Posthaus gehn, wiederkommen, zur Mutter reden. Da erkundigt ich mich drüben: es hieß, sie hätten Extrapost bestellt, weil der Postwagen hinunter schon fort ist. Ich redete mit ihnen; sie bat mich, die Mutter, in Tränen, ich sollte ihnen ihre Kleider heimlich hinüberschaffen, und der gnädigen Frau tausend Segen wünschen; sie könnten nicht bleiben.

FERNANDO. Es ist die Frau, die heute mit ihrer Tochter angekommen ist?

STELLA. Ich wollte die Tochter in meine Dienste nehmen und die Mutter dazubehalten. – O daß sie mir jetzt diese Verwirrung machen, Fernando! –

FERNANDO. Was mag ihnen sein?

STELLA. Gott weiß! Ich kann, ich mag nichts wissen. Verlieren möcht ich sie nicht gern – Hab ich doch dich, Fernando! Ich würde zugrunde gehn in diesen Augenblicken! Rede mit ihnen, Fernando. – Eben jetzt! jetzt! – Mache, daß die Mutter herüber kommt, Heinrich! *Der Bediente geht ab.* Sprich mit ihr: sie soll Freiheit haben. – Fernando, ich will ins Boskett! Komm nach! Komm nach! – Ihr Nachtigallen, ihr empfangt ihn noch!

FERNANDO. Liebste Liebe!

STELLA *an ihm hangend.* Und du kommst doch bald?

FERNANDO. Gleich! Gleich! *Stella ab.*

FERNANDO *allein.* Engel des Himmels! Wie vor ihrer Gegenwart alles heiter wird, alles frei! – Fernando, kennst du dich noch selbst? Alles, was diesen Busen bedrängt, es ist weg; jede Sorge, jedes ängstliche Zurückerinnern, was war – und was sein wird! – Kommt ihr schon wieder? – und doch, wenn ich dich ansehe, deine Hand halte, Stella! flieht alles, verlischt jedes andre Bild in meiner Seele!

Der Verwalter kommt.

VERWALTER *ihm die Hände küssend.* Sie sind wieder da?

FERNANDO *die Hand wegziehend.* Ich bin's.

VERWALTER. Lassen Sie mich! Lassen Sie mich! O gnädiger Herr! –

FERNANDO. Bist du glücklich?

VERWALTER. Meine Frau lebt, ich habe zwei Kinder – Und Sie kommen wieder!

FERNANDO. Wie habt ihr gewirtschaftet?

VERWALTER. Daß ich gleich bereit bin, Rechenschaft abzulegen – Sie sollen erstaunen, wie wir das Gut verbessert haben. – Darf ich denn fragen, wie es Ihnen ergangen ist?

FERNANDO. Stille! – Soll ich dir alles sagen? Du verdienst's, alter Mitschuldiger meiner Torheiten.

VERWALTER. Gott sei nur Dank, daß Sie nicht Zigeunerhauptmann waren; ich hätte auf ein Wort von Ihnen gesengt und gebrennt.

FERNANDO. Du sollst's hören!

VERWALTER. Ihre Gemahlin? Ihre Tochter?

FERNANDO. Ich habe sie nicht gefunden. Ich traute mich selbst nicht in die Stadt; allein aus sichern Nachrichten weiß ich, daß sie sich einem Kaufmann, einem falschen Freunde vertraut hat, der ihr die Kapitalien, die ich ihr zurückließ, unter dem Versprechen größerer Prozente ablockte und sie darum betrog. Unter dem Vorwande, sich aufs Land zu begeben, hat sie sich aus der Gegend entfernt und verloren, und bringt wahrscheinlicher Weise durch eigene und ihrer Tochter Handarbeit ein kümmerliches Leben durch. Du weißt, sie hatte Mut und Charakter genug, so etwas zu unternehmen.

VERWALTER. Und Sie sind nun wieder hier! Verzeihn wir's Ihnen, daß Sie so lange ausgeblieben.

FERNANDO. Ich bin weit herumgekommen.

VERWALTER. Wäre mir's nicht zu Hause mit meiner Frau und zwei Kindern so wohl, beneidete ich Sie um den Weg, den Sie wieder durch die Welt versucht haben. Werden Sie uns nun bleiben?

FERNANDO. Will's Gott!

VERWALTER. Es ist doch am Ende nichts anders und nichts Bessers.

FERNANDO. Ja wer die alten Zeiten vergessen könnte!

VERWALTER. Die uns bei mancher Freude manche Not brachten. Ich erinnere mich noch an alles genau: wie wir Cäcilien so liebenswürdig fanden, uns ihr aufdrangen, unsere jugendliche Freiheit nicht geschwind genug loswerden konnten.

FERNANDO. Es war doch eine schöne, glückliche Zeit!

VERWALTER. Wie sie uns ein munteres, lebhaftes Töchterchen brachte, aber zugleich von ihrer Munterkeit, von ihrem Reiz manches verlor.

FERNANDO. Verschone mich mit dieser Lebensgeschichte.

VERWALTER. Wie wir hie und da, und da und dort uns umsahn, wie wir endlich diesen Engel trafen, wie nicht mehr von Kommen und Gehen die Rede war, sondern wir uns entschließen mußten, entweder die eine oder die andere unglücklich zu machen; wie wir es endlich so bequem fanden, daß sich eben eine Gelegenheit zeigte, die Güter zu verkaufen, wie wir mit manchem Verlust uns davonmachten, den Engel raubten, und das schöne, mit sich selbst und der Welt unbekannte Kind hierher verbannten.

FERNANDO. Wie es scheint, bist du noch immer so lehrreich und geschwätzig wie vor alters.

VERWALTER. Hatte ich nicht Gelegenheit, was zu lernen? War ich nicht der Vertraute Ihres Gewissens? Als Sie auch von hier, ich weiß nicht, ob so ganz aus reinem Verlangen, Ihre Gemahlin und Ihre Tochter wiederzufinden, oder auch mit aus einer heimlichen Unruhe, sich wieder wegsehnten, und wie ich Ihnen von mehr als einer Seite behülflich sein mußte –

FERNANDO. Soweit für diesmal.

VERWALTER. Bleiben Sie nur, dann ist alles gut. *Ab.*

Bedienter kommt.

BEDIENTER. Madame Sommer!

FERNANDO. Bring sie herein. *Bedienter ab.*

FERNANDO *allein.* Dies Weib macht mich schwermütig. Daß nichts ganz, nichts rein in der Welt ist! Diese Frau! – Ihrer Tochter Mut hat mich zerstört; was wird ihr Schmerz tun?

Madame Sommer tritt auf.

FERNANDO *vor sich.* O Gott! und auch ihre Gestalt muß mich an mein Vergehen erinnern! Herz! Unser Herz! o, wenn's in dir liegt, so zu fühlen und so zu handeln, warum hast du nicht auch Kraft, dir das Geschehene zu verzeihen? – Ein Schatten der Gestalt meiner Frau! – O wo seh ich den nicht! *Laut.* Madame!

MADAME SOMMER. Was befehlen Sie, mein Herr?

FERNANDO. Ich wünschte, daß Sie meiner Stella Gesellschaft leisten wollten und mir. Setzen Sie sich!

MADAME SOMMER. Die Gegenwart des Elenden ist dem Glücklichen zur Last, und ach! der Glückliche dem Elenden noch mehr.

FERNANDO. Ich begreife Sie nicht. Können Sie Stella verkannt haben? sie, die ganz Liebe, ganz Gottheit ist?

MADAME SOMMER. Mein Herr! ich wünschte, heimlich zu reisen! Lassen Sie mich – Ich muß fort. Glauben Sie, daß ich Gründe habe! Aber ich bitte, lassen Sie mich!

FERNANDO *vor sich.* Welche Stimme! Welche Gestalt! *Laut.* Madame! *Er wendet sich ab.* – Gott, es ist meine Frau! – *Laut.* Verzeihen Sie! *Eilend ab.*

MADAME SOMMER *allein.* Er erkennt mich! – Ich danke dir, Gott, daß du in diesen Augenblicken meinem Herzen so viel Stärke gegeben hast! – Bin ich's? die Zerschlagene! die Zerrissene! die in der bedeutenden Stunde so ruhig, so mutig ist? Guter, ewiger Vorsorger, du nimmst unserm Herzen doch nichts, was du ihm nicht aufbewahrtest, bis zur Stunde, wo es dessen am meisten bedarf.

Fernando kommt zurück.

FERNANDO *vor sich.* Sollte sie mich kennen? – *Laut.* Ich bitte Sie, Madame, ich beschwöre Sie, eröffnen Sie mir Ihr Herz!

MADAME SOMMER. Ich müßte Ihnen mein Schicksal erzählen; und wie sollten Sie zu Klagen und Trauer gestimmt sein, an einem Tage, da Ihnen alle Freuden des Lebens wiedergegeben sind, da Sie alle Freuden des Lebens der würdigsten weiblichen Seele wiedergegeben haben! Nein, mein Herr! entlassen Sie mich!

FERNANDO. Ich bitte Sie!

MADAME SOMMER. Wie gern erspart ich's Ihnen und mir! Die Erinnerung der ersten, glücklichen Tage meines Lebens macht mir tödliche Schmerzen.

FERNANDO. Sie sind nicht immer unglücklich gewesen?

MADAME SOMMER. Sonst würd ich's jetzt in dem Grade nicht sein. Nach einer Pause, mit erleichterter Brust. Die Tage meiner Jugend waren leicht und froh. Ich weiß nicht, was die Männer an mich fesselte; eine große Anzahl wünschte mir gefällig zu sein. Für wenige fühlte ich Freundschaft, Neigung; doch keiner war, mit dem ich geglaubt hätte mein Leben zubringen zu können. Und so vergingen die glücklichen Tage der rosenfarbenen Zerstreuungen, wo so ein Tag dem andern freundlich die Hand bietet. Und doch fehlte mir etwas. – Wenn ich tiefer ins Leben sah, und Freud und Leid ahndete, die des Menschen warten, da wünscht ich mir einen Gatten, dessen Hand mich durch die Welt begleitete, der für die Liebe, die ihm mein jugendliches Herz weihen konnte, im Alter mein Freund, mein Beschützer mir statt meiner Eltern geworden wäre, die ich um seinetwillen verließ.

FERNANDO. Und nun?

MADAME SOMMER. Ach ich sah den Mann! Ich sah ihn, auf den ich in den ersten Tagen unsrer Bekanntschaft all meine Hoffnungen niederlegte! Die Lebhaftigkeit seines Geistes schien mit solch einer Treue des Herzens verbunden zu sein, daß sich ihm das meinige gar bald öffnete, daß ich ihm meine Freundschaft und ach, wie schnell darauf, meine Liebe gab. Gott im Himmel, wenn sein Haupt an meinem Busen ruhte, wie schien er dir für die Stätte zu danken, die du ihm in meinen Armen bereitet hattest! Wie floh er aus dem Wirbel der Geschäfte und Zerstreuungen wieder zu mir, und wie unterstützt ich mich in trüben Stunden an seiner Brust!

FERNANDO. Was konnte diese liebe Verbindung stören?

MADAME SOMMER. Nichts ist bleibend – Ach, er liebte mich! liebte mich so gewiß als ich ihn. Es war eine Zeit, da er nichts kannte, nichts wußte, als mich glücklich zu sehen, mich glücklich zu machen. Es war, ach! die leichteste Zeit des Lebens, die ersten Jahre einer Verbindung, wo manchmal mehr ein bißchen Unmut, ein bißchen Langeweile uns peinigen, als daß es wirklich Übel wären. Ach, er begleitete mich den leidlichen Weg, um mich in einer öden, fürchterlichen Wüste allein zu lassen.

FERNANDO *immer verwirrter*. Und wie? Seine Gesinnungen, sein Herz?

MADAME SOMMER. Können wir wissen, was in dem Busen der Männer schlägt? – Ich merkte nicht, daß ihm nach und nach das alles ward – wie soll ich's nennen? – nicht gleichgültiger! das darf ich mir nicht sagen. Er liebte mich immer, immer! Aber er brauchte mehr als meine Liebe. Ich hatte mit seinen Wünschen zu teilen, vielleicht mit einer Nebenbuhlerin; ich verbarg ihm meine Vorwürfe nicht, und zuletzt –

FERNANDO. Er konnte –?

MADAME SOMMER. Er verließ mich. Das Gefühl meines Elends hat keinen Namen! All meine Hoffnungen in dem Augenblick zugrunde! in dem Augenblick, da ich die Früchte der aufgeopferten Blüte 331 einzuernten gedachte – verlassen! – verlassen! – Alle Stützen des menschlichen Herzens: Liebe, Zutrauen, Ehre, Stand, täglich wachsendes Vermögen, Aussicht über eine zahlreiche, wohlversorgte Nachkommenschaft, alles stürzte vor mir zusammen, und ich – und das überbliebene unglückliche Pfand unsrer Liebe – Ein toter Kummer folgte auf die wütenden Schmerzen, und das ausgeweinte, durchverzweifelte Herz sank in Ermattung hin. Die Unglücksfälle, die das Vermögen einer armen Verlassenen ergriffen, achtete ich nicht, fühlte ich nicht, bis ich zuletzt –

FERNANDO. Der Schuldige!

MADAME SOMMER *mit zurückgehaltener Wehmut.* Er ist's nicht! – Ich bedaure den Mann, der sich an ein Mädchen hängt.

FERNANDO. Madame!

MADAME SOMMER *gelinde spottend, ihre Rührung zu verbergen.* Nein, gewiß! Ich seh ihn als einen Gefangenen an. Sie sagen ja auch immer, es sei so. Er wird aus seiner Welt in die unsere herübergezogen, mit der er im Grunde nichts gemein hat. Er betrügt sich eine Zeitlang, und weh uns, wenn ihm die Augen aufgehn! – Ich nun gar konnte ihm zuletzt nichts sein als eine redliche Hausfrau, die zwar mit dem festesten Bestreben an ihm hing, ihm gefällig, für ihn sorgsam zu sein; die dem Wohl ihres Hauses, ihres Kindes all ihre Tage widmete, und freilich sich mit so viel Kleinigkeiten abgeben mußte, daß ihr Herz und Kopf oft wüste ward, daß sie keine unterhaltende Gesellschafterin war, daß er mit der Lebhaftigkeit seines Geistes meinen Umgang notwendig schal finden mußte. Er ist nicht schuldig!

FERNANDO *zu ihren Füßen.* Ich bin's!

MADAME SOMMER *mit einem Strom von Tränen an seinem Hals.* Mein! –

FERNANDO. Cäcilie! – mein Weib! –

CÄCILIE *von ihm sich abwendend*. Nicht mein – Du verlässest mich, mein Herz! – *Wieder an seinem Hals*. Fernando! – wer du auch seist – laß diese Tränen einer Elenden an deinem Busen fließen – Halte mich diesen Augenblick aufrecht, und dann verlaß mich auf ewig! – Es ist nicht dein Weib! – Stoße mich nicht von dir! –

FERNANDO. Gott! – Cäcilie, deine Tränen an meinen Wangen – das Zittern deines Herzens an dem meinigen! – Schone mich! schone mich! –

CÄCILIE. Ich will nichts, Fernando! – Nur diesen Augenblick! – Gönne meinem Herzen diese Ergießung, es wird frei werden, stark! Du sollst mich loswerden –

FERNANDO. Eh soll mein Leben zerreißen, eh ich dich lasse!

CÄCILIE. Ich werde dich wiedersehn, aber nicht auf dieser Erde! Du gehörst einer andern, der ich dich nicht rauben kann – – Öffne, öffne mir den Himmel! Einen Blick in jene selige Ferne, in jenes ewige Bleiben – Allein, allein ist's Trost in diesem fürchterlichen Augenblicke.

FERNANDO *sie bei der Hand fassend, ansehend, sie umarmend*. Nichts, nichts in der Welt soll mich von dir trennen. Ich habe dich wiedergefunden.

CÄCILIE. Gefunden, was du nicht suchtest!

FERNANDO. Laß! laß! – Ja, ich habe dich gesucht; dich, meine Verlassene, meine Teure! Ich fand sogar in den Armen des Engels hier keine Ruhe, keine Freuden; alles erinnerte mich an dich, an deine Tochter, an meine Lucie. Gütiger Himmel! wieviel Freude! Sollte das liebenswürdige Geschöpf meine Tochter sein? – – Ich habe dich aufgesucht überall. Drei Jahre zieh ich herum. An dem Ort unsers Aufenthalts fand ich, ach! unsere Wohnung verändert, in fremden Händen, und die traurige Geschichte des Verlusts deines Vermögens. Deine Entweichung zerriß mir das Herz; ich konnte keine Spur von dir finden, und meiner selbst und des Lebens überdrüssig, steckt ich mich in diese Kleider, in fremde Dienste, half die sterbende Freiheit der edeln Korsen unterdrücken; und nun siehst du mich hier, nach einer langen und wunderbaren Verirrung wieder an deinem Busen, mein teuerstes, mein bestes Weib!

Lucie tritt auf.

FERNANDO. O meine Tochter!

LUCIE. Lieber, bester Vater! wenn Sie mein Vater wieder sind!

FERNANDO. Immer und ewig!

CÄCILIE. Und Stella? –

FERNANDO. Hier gilt's schnell sein. Die Unglückliche! Warum, Lucie, diesen Morgen, warum konnten wir uns nicht erkennen? – Mein Herz schlug mir; du weißt, wie gerührt ich dich verließ! Warum? Warum? – Wir hätten uns das alles erspart! Stella! wir hätten ihr diese Schmerzen erspart – Doch wir wollen fort. Ich will ihr sagen, ihr beständet darauf, euch zu entfernen, wolltet sie mit eurem Abschied nicht beschweren, wolltet fort. Und du, Lucie, geschwind hinüber; laß eine Chaise zu dreien anspannen. Meine Sachen soll der Bediente zu den eurigen packen. – Bleib noch hüben, beste, teuerste Frau! Und du, meine Tochter, wenn alles bestellt ist, komm herüber; und verweilt im Gartensaal, wartet auf mich. Ich will mich von ihr losmachen, sagen, ich wollte euch hinüber begleiten, sorgen, daß ihr wohl fortkämt, und das Postgeld für euch bezahlen. – Arme Seele, ich betrüge dich mit deiner Güte! – Wir wollen fort!

CÄCILIE. Fort? – Nur ein vernünftig Wort!

FERNANDO. Fort! Laß sein! – Ja, meine Lieben, wir wollen fort!

Cäcilie und Lucie ab.

FERNANDO *allein.* Fort? – – Wohin? Wohin? – Ein Dolchstich würde allen diesen Schmerzen den Weg öffnen, und mich in die dumpfe Fühllosigkeit stürzen, um die ich jetzt alles dahingäbe! – Bist du da, Elender? Erinnere dich der vollglücklichen Tage, da du in starker Genügsamkeit gegen den Armen standst, der des Lebens Bürde abwerfen wollte; wie du dich fühltest in jenen glücklichen Tagen, und nun! – Ja, die Glücklichen! die Glücklichen! – Eine Stunde früher diese Entdeckung, und ich war geborgen; ich hätte sie nicht wieder gesehn, sie mich nicht; ich hätte mich überreden können: sie hat dich diese vier Jahre her vergessen, verschmerzt ihr Leiden. Aber nun? Wie soll ich vor ihr erscheinen, was ihr sagen? – O meine Schuld, meine Schuld wird schwer in diesen Augenblicken über mir! – Verlassen, die beiden lieben Geschöpfe! Und ich, in dem Augenblick, da ich sie wieder finde, verlassen von mir selbst! elend! O meine Brust!

Vierter Akt

Einsiedelei in Stellas Garten.
Stella allein.

STELLA. Du blühst schön, schöner als sonst, liebe, liebe Stätte der
gehofften ewigen Ruhe – Aber du lockst mich nicht mehr – mir
schaudert vor dir – kühle lockre Erde, mir schaudert vor dir – –
Ach wie oft, in Stunden der Einbildung, hüllt ich schon Haupt und
Brust dahingegeben in den Mantel des Todes, und stand gelassen
an deiner Tiefe, und schritt hinunter, und verbarg mein jammervol-
les Herz unter deine lebendige Decke. Da solltest du, Verwesung,
wie ein liebes Kind, diese überfüllte, drängende Brust aussaugen,
und mein ganzes Dasein in einen freundlichen Traum auflösen –
Und nun! – Sonne des Himmels, du scheinst herein – es ist so licht,
so offen um mich her, und ich freue mich des! – Er ist wieder da!
– und in einem Wink steht rings um mich die Schöpfung lebevoll
– und ich bin ganz Leben – – und neues, wärmeres, glühenderes
Leben will ich von seinen Lippen trinken! Zu ihm – bei ihm – mit
ihm in bleibender Kraft wohnen! – Fernando! – Er kommt! Horch!
– Nein, noch nicht! – – Hier soll er mich finden, hier an meinem
Rasenaltar, unter meinen Rosenzweigen! Diese Knöspchen will ich
ihm brechen – – Hier! Hier! – Und dann fahr ich ihn in diese
Laube. Wohl, wohl war's, daß ich sie doch, so eng sie ist, für zwei
eingerichtet habe – Hier lag sonst mein Buch, stand mein Schreib-
zeug – Weg Buch und Schreibzeug! – Käm er nur! – Gleich verlas-
sen! – Hab ich ihn denn wieder? – Ist er da? –
FERNANDO *kommt.*
STELLA. Wo bleibst du, mein Bester? Wo bist du? Ich bin lang, lang
allein! *Ängstlich.* Was hast du?
FERNANDO. Die Weiber haben mich verstimmt! – Die Alte ist eine
brave Frau; sie will aber nicht bleiben, will keine Ursache sagen, sie
will fort. Laß sie, Stella.
STELLA. Wenn sie nicht zu bewegen ist, ich will sie nicht wider
Willen – Und, Fernando, ich brauchte Gesellschaft – und jetzt –
An seinem Hals. jetzt, Fernando! Ich habe dich ja!
FERNANDO. Beruhige dich!

STELLA. Laß mich weinen! Ich wollte, der Tag wäre vorbei! Noch zittern mir alle Gebeine! – Freude! – Alles unerwartet auf einmal! Dich, Fernando! Und kaum! kaum! Ich werde vergehen in diesem allen!

FERNANDO *vor sich.* Ich Elender! Sie verlassen? *Laut.* Laß mich, Stella!

STELLA. Es ist deine Stimme, deine liebende Stimme! – Stella! Stella! – Du weißt, wie gern ich diesen Namen aussprechen hörte: – Stella! Es spricht ihn niemand aus wie du. Ganz die Seele der Liebe in dem Klang! – Wie lebhaft ist mir noch die Erinnerung des Tags, da ich dich ihn zuerst aussprechen hörte, da all mein Glück in dir begann!

FERNANDO. Glück?

STELLA. Ich glaube, du fängst an zu rechnen; rechnest die trüben Stunden, die ich mir über dich gemacht habe. Laß, Fernando! Laß! – O! seit dem Augenblick, da ich dich zum ersten Mal sah, wie ward alles so ganz anders in meiner Seele! Weißt du den Nachmittag im Garten, bei meinem Onkel? Wie du zu uns hereintratst? Wir saßen unter den großen Kastanienbäumen hinter dem Lusthaus! –

FERNANDO *vor sich.* Sie wird mir das Herz zerreißen! – – *Laut.* Ich weiß noch, meine Stella!

STELLA. Wie du zu uns tratst? Ich weiß nicht, ob du bemerktest, daß du im ersten Augenblick meine Aufmerksamkeit gefesselt hattest? Ich wenigstens merkte bald, daß deine Augen mich suchten. Ach, Fernando! da brachte mein Onkel die Musik, du nahmst deine Violine, und wie du spieltest, lagen meine Augen sorglos auf dir; ich spähte jeden Zug in deinem Gesicht, und – in einer unvermuteten Pause schlugst du die Augen auf – auf mich! sie begegneten den meinigen! Wie ich errötete, wie ich wegsah! Du hast es bemerkt, Fernando; denn von der Zeit an fühlt ich wohl, daß du öfter über dem Blatt wegsahst, oft zur ungelegenen Zeit, aus dem Takt kamst, daß mein Onkel sich zertrat. Jeder Fehlstrich, Fernando, ging mir durch die Seele – Es war die süßeste Konfusion, die ich in meinem Leben gefühlt habe. Um alles Gold hätt ich dich nicht wieder grad ansehen können. Ich machte mir Luft und ging – 336

FERNANDO. Bis auf den kleinsten Umstand! – *Vor sich.* Unglückliches Gedächtnis!

STELLA. Ich erstaune oft selbst: wie ich dich liebe, wie ich jeden Augenblick bei dir mich ganz vergesse; doch alles vor mir noch zu haben, so lebhaft, als wär's heute! Ja, wie oft hab ich mir's auch erzählt, wie oft, Fernando! – Wie ihr mich suchtet, wie du an der Hand meiner Freundin, die du vor mir kennen lerntest, durchs Boskett streiftest, und sie rief: Stella! – und du riefst: Stella! Stella! – Ich hatte dich kaum reden gehört, und erkannte deine Stimme; und wie ihr auf mich traft, und du meine Hand nahmst! Wer war konfuser, ich oder du? Eins half dem andern – Und von dem Augenblick an – Meine gute Sara sagte mir's wohl, gleich selbigen Abend – Es ist alles eingetroffen und welche Seligkeit in deinen Armen! Wenn meine Sara meine Freuden sehen könnte! Es war ein gutes Geschöpf; sie weinte viel um mich, da ich so krank, so liebeskrank war. Ich hätte sie gern mitgenommen, da ich um deinetwillen alles verließ.

FERNANDO. Alles verließ!

STELLA. Fällt dir das so auf? Ist's denn nicht wahr? Alles verließ! Oder kannst du in Stellas Munde so was zum Vorwurf mißdeuten? Um deinetwillen hab ich lange nicht genug getan.

FERNANDO. Freilich! Deinen Onkel, der dich als Vater liebte, der dich auf den Händen trug, dessen Wille dein Wille war, das war nicht viel? Das Vermögen, die Güter, die alle dein waren, dein worden wären, das war nichts? Den Ort, wo du von Jugend auf gelebt, dich gefreut hattest – deine Gespielen –

STELLA. Und das alles, Fernando, ohne dich? Was war mir's vor deiner Liebe? Aber da, als die in meiner Seele aufging, da hatt ich erst Fuß in der Welt gefaßt. – Zwar muß ich dir gestehn, daß ich manchmal in einsamen Stunden dachte: Warum konnt ich das nicht alles mit ihm genießen? Warum mußten wir fliehen? Warum nicht im Besitz von dem allen bleiben? Hätte ihm mein Onkel meine Hand verweigert? – Nein! – Und warum fliehen? – O ich habe für dich wieder Entschuldigungen genug gefunden! für dich! da hat mir's nie gemangelt! Und wenn's Grille wäre, sagte ich – wie ihr denn eine Menge Grillen habt –, wenn's Grille wäre, das Mädchen so heimlich als Beute für sich zu haben! – Und wenn's Stolz wäre, das Mädchen so allein, ohne Zugabe zu haben. Du kannst denken, daß mein Stolz nicht wenig dabei interessiert war, sich das Beste glauben zu machen; und so kamst du nun glücklich durch.

FERNANDO. Ich vergehe!

Annchen kommt.

ANNCHEN. Verzeihen Sie, gnädige Frau! Wo bleiben Sie, Herr Hauptmann? Alles ist aufgepackt, und nun fehlt's an Ihnen! Die Mamsell hat schon ein Laufens, ein Befehlens heut verführt, daß es unleidlich war; und nun bleiben Sie aus!

STELLA. Geh, Fernando, bring sie hinüber; zahl das Postgeld für sie, aber sei gleich wieder da.

ANNCHEN. Fahren Sie denn nicht mit? Die Mamsell hat eine Chaise zu dreien bestellt, Ihr Bedienter hat ja aufgepackt!

STELLA. Fernando, das ist ein Irrtum!

FERNANDO. Was weiß das Kind?

ANNCHEN. Was ich weiß? Freilich sieht's kurios aus, daß der Herr Hauptmann mit dem Frauenzimmer fort will, von der gnädigen Frau; seit sie bei Tisch Bekanntschaft mit Ihnen gemacht hat. Das war wohl ein zärtlicher Abschied, als Sie ihr zur gesegneten Mahlzeit die Hand drückten?

STELLA *verlegen.* Fernando!

FERNANDO. Es ist ein Kind!

ANNCHEN. Glauben Sie's nicht, gnädige Frau! es ist alles aufgepackt; der Herr geht mit.

FERNANDO. Wohin? Wohin?

STELLA. Verlaß uns, Annchen! *Annchen ab.* Reiß mich aus der entsetzlichen Verlegenheit! Ich fürchte nichts, und doch ängstet mich das Kindergeschwätz. – Du bist bewegt! Fernando! – Ich bin deine Stella!

FERNANDO *sich umwendend und sie bei der Hand fassend.* Du bist meine Stella!

STELLA. Du erschreckst mich, Fernando! du siehst wild.

FERNANDO. Stella! ich bin ein Bösewicht, und feig; und vermag vor dir nichts. Fliehen! – Hab das Herz nicht, dir den Dolch in die Brust zu stoßen, und will dich heimlich vergiften, ermorden! Stella! 338

STELLA. Um Gottes willen!

FERNANDO *mit Wut und Zittern.* Und nur nicht sehn ihr Elend, nicht hören ihre Verzweiflung! Fliehen! –

STELLA. Ich halt's nicht aus! *Sie will sinken und hält sich an ihn.*

FERNANDO. Stella, die ich in meinen Armen fasse! Stella! die du mir
alles bist! Stella! – Kalt. Ich verlasse dich!

STELLA *verwirrt lächelnd*. Mich!

FERNANDO *mit Zähneknirschen*. Dich! mit dem Weibe, das du gesehen hast! mit dem Mädchen! –

STELLA. Es wird so Nacht!

FERNANDO. Und dieses Weib ist meine Frau! –

STELLA *sieht ihn starr an und läßt die Arme sinken*.

FERNANDO. Und das Mädchen ist meine Tochter! Stella! *Er bemerkt
erst, daß sie in Ohnmacht gefallen ist*. Stella! *Er bringt sie auf seinen
Sitz*. Stella! – Hülfe! Hülfe!

Cäcilie, Lucie kommen.

FERNANDO. Seht! seht den Engel! Er ist dahin! Seht! – Hülfe!

Sie bemühen sich um sie.

LUCIE. Sie erholt sich.

FERNANDO *stumm sie ansehend*. Durch dich! Durch dich! *Ab*.

STELLA. Wer? Wer? – *Aufstehend*. Wo ist er? *Sie sinkt zurück, sieht
die an, die sich um sie bemühen*. Dank euch! Dank! – Wer seid ihr?
–

CÄCILIE. Beruhigen Sie sich! Wir sind's.

STELLA. Ihr? – Seid ihr nicht fort? – Seid ihr –? Gott! wer sagte mir's?
– Wer bist du? – Bist du –? *Cäcilie bei den Händen fassend*. Nein!
ich halt's nicht aus!

CÄCILIE. Beste! Liebste! Ich schließ dich Engel an mein Herz.

STELLA. Sag mir – es liegt tief in meiner Seele – Sag mir – bist du
–

CÄCILIE. Ich bin – ich bin sein Weib! –

STELLA *aufspringend, sich die Augen zuhaltend*. Und ich? – *Sie geht
verwirrt auf und ab*.

CÄCILIE. Kommen Sie in Ihr Zimmer!

STELLA. Woran erinnerst du mich? Was ist mein? Schrecklich!
Schrecklich! – Sind das meine Bäume, die ich pflanzte, die ich erzog?
Warum in dem Augenblick mir alles so fremd wird? – Verstoßen!
– Verloren! – Verloren auf ewig! Fernando! Fernando!

CÄCILIE. Geh, Lucie, such deinen Vater.

STELLA. Um Gottes Barmherzigkeit! Halt! – Weg! Laß ihn nicht kommen! Entfern dich! – Vater! – Gatte! –

CÄCILIE. Süße Liebe!

STELLA. Du liebst mich? Du drückst mich an deine Brust? – – Nein! Nein – Laß mich! – Verstoß mich! An ihrem Halse. Noch einen Augenblick! Es wird bald aus mit mir sein! Mein Herz! Mein Herz!

LUCIE. Sie müssen ruhen!

STELLA. Ich ertrag euern Anblick nicht! Euer Leben hab ich vergiftet, euch geraubt euer Alles – Ihr im Elend; und ich – welche Seligkeit in seinen Armen! Sie wirft sich auf die Knie. Könnt ihr mir vergeben?

CÄCILIE. Laß! Laß! *Sie bemühen sich, sie aufzuheben.*

STELLA. Hier will ich liegen, flehn, jammern, zu Gott und euch: Vergebung! Vergebung! – Sie springt auf. – Vergebung? – Trost gebt mir! Trost! Ich bin nicht schuldig! – Du gabst mir ihn, heiliger Gott im Himmel! ich hielt ihn fest, wie die liebste Gabe aus deiner Hand – Laß mich! – Mein Herz zerreißt! –

CÄCILIE. Unschuldige! Liebe!

STELLA *an ihrem Halse.* Ich lese in deinen Augen, auf deiner Lippe Worte des Himmels. Halt mich! Trag mich! Ich gehe zugrunde! Sie vergibt mir! Sie fühlt mein Elend!

CÄCILIE. Schwester! meine Schwester! erhole dich! nur einen Augenblick erhole dich! Glaube, daß, der in unser Herz diese Gefühle legte, die uns oft so elend machen, auch Trost und Hülfe dafür bereiten kann.

STELLA. An deinem Hals laß mich sterben!

CÄCILIE. Kommen Sie! –

STELLA *nach einer Pause, wild wegfahrend.* Laßt mich alle! Sieh, es drängt sich eine Welt voll Verwirrung und Qual in meine Seele, und füllt sie ganz mit unsäglichen Schmerzen – Es ist unmöglich – unmöglich! So auf einmal! – Ist nicht zu fassen, nicht zu tragen! – *Sie steht eine Weile niedersehend still, in sich gekehrt, sieht dann auf, erblickt die beiden, fährt mit einem Schrei zusammen und entflieht.*

CÄCILIE. Geh ihr nach, Lucie! Beobachte sie! *Lucie ab.* Sieh herab auf deine Kinder, und ihre Verwirrung, ihr Elend! – Leidend lern ich viel. Stärke mich! – Und kann der Knoten gelöst werden, heiliger Gott im Himmel! zerreiß ihn nicht.

Fünfter Akt

STELLA. Fülle der Nacht, umgib mich! fasse mich! leite mich! ich weiß nicht, wohin ich trete! – – Ich muß! ich will hinaus in die weite Welt! Wohin? Ach wohin? – Verbannt aus deiner Schöpfung! Wo du, heiliger Mond, auf den Wipfeln meiner Bäume dämmerst; wo du mit furchtbar lieben Schatten das Grab meiner holden Mina umgibst, soll ich nicht mehr wandeln? Von dem Ort, wo alle Schätze meines Lebens, alle selige Erinnerung aufbewahrt sind? – Und du, worüber ich so oft mit Andacht und Tränen gewohnt habe, Stätte meines Grabes! die ich mir weihte; wo umher alle Wehmut, alle Wonne meines Lebens dämmert; wo ich noch abgeschieden umzuschweben und die Vergangenheit allschmachtend zu genießen hoffte, von dir auch verbannt sein? – Verbannt sein! – Du bist stumpf! Gott sei Dank! dein Gehirn ist verwüstet; du kannst ihn nicht fassen, den Gedanken: Verbannt sein! Du würdest wahnsinnig werden! – – Nun! – O mir ist schwindlig! – Leb wohl! – Lebt wohl? Nimmerwiedersehen? – Es ist ein dumpfer Totenblick in dem Gefühl! Nicht wiedersehn? – Fort! Stella! *Sie ergreift das Porträt.* Und dich sollt ich zurücklassen? *Sie nimmt ein Messer und fängt an, die Nägel loszubrechen.* O daß ich ohne Gedanken wäre! daß ich in dumpfem Schlaf, daß ich in hinreißenden Tränen mein Leben hingäbe! – – Das ist und wird sein: – du bist elend! – *Das Gemälde nach dem Monde wendend.* Ha, Fernando! da du zu mir tratst und mein Herz dir entgegensprang, fühltest du nicht das Vertrauen auf deine Treue deine Güte? – Fühltest du nicht, welch Heiligtum sich dir eröffnete, als sich mein Herz gegen dich aufschloß? – Und du bebtest nicht vor mir zurück? Versankst nicht? Entflohst nicht? – Du konntest meine Unschuld, mein Glück, mein Leben so zum Zeitvertreib pflücken, und zerpflücken, und am Wege gedankenlos hinstreuen? – Edler! – Ha, Edler! – Meine Jugend! – meine goldnen Tage! – Und du trägst die tiefe Tücke im Herzen! – Dein Weib! – deine Tochter! – Und mir war's frei in der Seele, rein wie ein

Frühlingsmorgen! – Alles, alles Eine Hoffnung! – – Wo bist du, Stella? – *Das Porträt anschauend.* So groß! so schmeichelnd! – Der Blick war's, der mich ins Verderben riß! – – Ich hasse dich! Weg! wende dich weg! – So dämmernd! so lieb! – Nein! Nein! – Verderber! – Mich? – Mich? – Du? Mich? – *Sie zuckt mit dem Messer nach dem Gemälde. Fernando! – Sie wendet sich ab, das Messer fällt, sie stürzt mit einem Ausbruch von Tränen vor den Stuhl nieder.* Liebster! Liebster! – Vergebens! Vergebens!

Bedienter kommt.

BEDIENTER. Gnädige Frau! wie Sie befahlen, die Pferde sind an der hintern Gartentür. Ihre Wäsche ist aufgepackt. Vergessen Sie nicht Geld!

STELLA. Das Gemälde! *Bedienter nimmt das Messer auf und schneidet das Gemälde von dem Rahmen und rollt's.* Hier ist Geld.

BEDIENTER. Aber warum?

STELLA *einen Moment stillstehend, auf- und umherblickend.* Komm! *Ab.*

Saal.

Fernando.

FERNANDO. Laß mich! Laß mich! Sieh! da faßt's mich wieder mit all der schrecklichen Verworrenheit! – So kalt, so graß liegt alles vor mir – als wär die Welt nichts – ich hätte drin nichts verschuldet –– Und sie! – Ha! bin ich nicht elender als ihr? Was habt ihr an mich zu fordern? – Was ist nun des Sinnens Ende? – Hier! und hier! Von einem Ende zum andern! durchgedacht! und wieder durchgedacht! und immer quälender! immer schrecklicher! – – *Sich die Stirn haltend.* Wo's zuletzt widerstößt! Nirgends vor, nicht hinter sich! Nirgends Rat und Hülfe! – Und diese zwei, diese drei besten weiblichen Geschöpfe der Erde? – elend durch mich – elend ohne mich! – Ach, noch elender mit mir! – Wenn ich klagen könnte, könnte verzweifeln, könnt um Vergebung bitten – könnt in stumpfer Hoffnung nur eine Stunde hinbringen – zu ihren Füßen liegen, und in teilnehmendem Elend Seligkeit genießen! – Wo sind sie? – Stella! du liegst auf deinem Angesichte, blickst sterbend nach dem Himmel, und ächzest: »Was hab ich Blume verschuldet, daß mich dein Grimm so niederknickt? Was hatte ich Arme verschuldet,

342

daß du diesen Bösewicht zu mir führtest?« – – Cäcilie! Mein Weib! o mein Weib! – Elend! Elend! tiefes Elend! – Welche Seligkeiten vereinigen sich, um mich elend zu machen! – Gatte! Vater! Geliebter! – Die besten, edelsten weiblichen Geschöpfe – Dein! Dein? – Kannst du das fassen, die dreifache, unsägliche Wonne? – Und nur die ist's, die dich so ergreift, die dich zerreißt! – Jede fordert mich ganz – Und ich? – Hier ist's zu! – tief! unergründlich! – – Sie wird elend sein! Stella! bist elend! – Was hab ich dir geraubt? Das Bewußtsein deiner selbst, dein junges Leben! – Stella! – Und ich bin so kalt! *Er nimmt eine Pistole vom Tisch.* Doch, auf alle Fälle! – *Er ladet.*

Cäcilie kommt.

CÄCILIE. Mein Bester! wie ist uns? Sie sieht die Pistolen. Das sieht ja reisefertig aus!

FERNANDO *legt sie nieder.*

CÄCILIE. Mein Freund! Du scheinst mir gelassener. Kann man ein Wort mit dir reden?

FERNANDO. Was willst du, Cäcilie? Was willst du, mein Weib?

CÄCILIE. Nenne mich nicht so, bis ich ausgeredet habe. Wir sind nun wohl sehr verworren; sollte das nicht zu lösen sein? Ich hab viel gelitten, und drum nichts von gewaltsamen Entschlüssen. Vernimmst du mich, Fernando?

343

FERNANDO. Ich höre!

CÄCILIE. Nimm's zu Herzen! Ich bin nur ein Weib, ein kummervolles, klagendes Weib; aber Entschluß ist in meiner Seele. – Fernando – ich bin entschlossen – ich verlasse dich!

FERNANDO *spottend.* Kurz und gut?

CÄCILIE. Meinst du, man müsse hinter der Tür Abschied nehmen, um zu verlassen, was man liebt?

FERNANDO. Cäcilie!

CÄCILIE. Ich werfe dir nichts vor, und glaube nicht, daß ich dir so viel aufopfere. Bisher beklagte ich deinen Verlust; ich härmte mich ab über das, was ich nicht ändern konnte. Ich finde dich wieder, deine Gegenwart flößt mir neues Leben, neue Kraft ein. Fernando, ich fühle, daß meine Liebe zu dir nicht eigennützig ist, nicht die Leidenschaft einer Liebhaberin, die alles dahingäbe, den erflehten Gegenstand zu besitzen. Fernando! mein Herz ist warm, und voll für dich; es ist das Gefühl einer Gattin, die, aus Liebe, selbst ihre Liebe hinzugeben vermag.

FERNANDO. Nimmer! Nimmer!

CÄCILIE. Du fährst auf?

FERNANDO. Du marterst mich!

CÄCILIE. Du sollst glücklich sein! Ich habe meine Tochter – und einen Freund an dir. Wir wollen scheiden, ohne getrennt zu sein. Ich will entfernt von dir leben und ein Zeuge deines Glücks bleiben. Deine Vertraute will ich sein; du sollst Freude und Kummer in meinen Busen ausgießen. Deine Briefe sollen mein einziges Leben sein, und die meinen sollen dir als ein lieber Besuch erscheinen – – Und so bleibst du mein, bist nicht mit Stella verbannt in einen Winkel der Erde, wir lieben uns, nehmen teil an einander! Und so, Fernando, gib mir deine Hand drauf.

FERNANDO. Als Scherz wär's zu grausam; als Ernst ist's unbegreiflich! – Wie's nun will, Beste! – Der kalte Sinn löst den Knoten nicht. Was du sagst, klingt schön, schmeckt süß. Wer nicht fühlte, daß darunter weit mehr verborgen liegt; daß du dich selbst betrügst, indem du die marterndsten Gefühle mit einem blendenden einge-bildeten Troste schweigen machst. Nein, Cäcilie! Mein Weib, nein! – Du bist mein – ich bleibe dein – Was sollen hier Worte? Was soll ich die Warums dir vortragen? Die Warums sind soviel Lügen. Ich bleibe dein, oder –

CÄCILIE. Nun denn! – Und Stella?

FERNANDO *fährt auf und geht wild auf und ab.*

CÄCILIE. Wer betrügt sich? Wer betäubt seine Qualen durch einen kalten, ungefühlten, ungedachten, vergänglichen Trost? Ja, ihr Männer kennt euch.

FERNANDO. Überhebe dich nicht deiner Gelassenheit! – Stella! Sie ist elend! Sie wird ihr Leben fern von mir und dir ausjammern. Laß sie! Laß mich!

CÄCILIE. Wohl, glaube ich, würde ihrem Herzen die Einsamkeit tun; wohl ihrer Zärtlichkeit, uns wieder vereinigt zu wissen. Jetzo macht sie sich bittere Vorwürfe. Sie würde mich immer für unglücklicher halten, wenn ich dich verließ, als ich wäre; denn sie berechnet mich nach sich. Sie würde nicht ruhig leben, nicht lieben können, der Engel! wenn sie fühlte, daß ihr Glück Raub wäre. Es ist ihr besser –

FERNANDO. Laß sie fliehen! Laß sie in ein Kloster!

CÄCILIE. Wenn ich nun aber wieder so denke: warum soll sie denn eingemauert sein? Was hat sie verschuldet, um eben die blühendsten Jahre, die Jahre der Fülle, der reifenden Hoffnung hinzutrauern, verzweifelnd am Abgrund hinzujammern? geschieden sein von ihrer lieben Welt! – von dem, den sie so glühend liebt? – von dem, der sie Nicht wahr, du liebst sie, Fernando?

FERNANDO. Ha! was soll das? Bist du ein böser Geist, in Gestalt meines Weibs? Was kehrst du mein Herz um und um? Was zerreißest du das zerrissene? Bin ich nicht zerstört, zerrüttet genug? Verlaß mich! Überlaß mich meinem Schicksal! – und Gott erbarme sich euer! *Er wirft sich in einen Sessel.*

CÄCILIE *tritt zu ihm und nimmt ihn bei der Hand.* Es war einmal ein Graf –

FERNANDO *will aufspringen, sie hält ihn.*

CÄCILIE. Ein deutscher Graf. Den trieb ein Gefühl frommer Pflicht von seiner Gemahlin, von seinen Gütern, nach dem Gelobten Lande –

FERNANDO. Ha!

CÄCILIE. Er war ein Biedermann; er liebte sein Weib, nahm Abschied von ihr, empfahl ihr sein Hauswesen, umarmte sie, und zog. Er zog durch viele Länder, kriegte, und ward gefangen. Seiner Sklaverei erbarmte sich seines Herrn Tochter; sie löste seine Fesseln, sie flohen. Sie geleitete ihn aufs neue durch alle Gefahren des Kriegs – Der liebe Waffenträger! – Mit Sieg bekrönt ging's nun zur Rückreise – zu seinem edeln Weibe! – Und sein Mädchen? Er fühlte Menschheit! – er glaubte an Menschheit, und nahm sie mit. – Sieh da, die wackre Hausfrau, die ihrem Gemahl entgegeneilt, sieht all ihre Treue, all ihr Vertrauen, ihre Hoffnungen belohnt, ihn wieder in ihren Armen. Und dann daneben seine Ritter, mit stolzer Ehre von ihren Rossen sich auf den vaterländischen Boden schwingend; seine Knechte, abladend die Beute, sie zu ihren Füßen legend; und sie schon in ihrem Sinn das all in ihren Schränken aufbewahrend, schon ihr Schloß mit auszierend, ihre Freunde mit beschenkend – »Edles, teures Weib, der größte Schatz ist noch zurück!« – Wer ist's, die dort verschleiert mit dem Gefolge naht? Sanft steigt sie vom Pferde – – »Hier!« – rief der Graf, sie bei der Hand fassend, sie seiner Frau entgegenführend – »hier! sieh das alles – und sie!

nimm's aus ihren Händen – nimm mich aus ihren Händen wieder! Sie hat die Ketten von meinem Halse geschlossen, sie hat den Winden befohlen, sie hat mich erworben – hat mir gedient, mein gewartet! – Was bin ich ihr schuldig! – Da hast du sie! Belohn sie.« *Fernando liegt schluchzend mit den Armen übern Tisch gebreitet.* An ihrem Halse rief das treue Weib, in tausend Tränen rief sie: »Nimm alles, was ich dir geben kann! Nimm die Hälfte des, der ganz dein gehört – Nimm ihn ganz! Laß mir ihn ganz! Jede soll ihn haben, ohne der andern was zu rauben – Und«, rief sie an seinem Halse, zu seinen Füßen, »wir sind dein!« – – Sie faßten seine Hände, hingen an ihm – Und Gott im Himmel freute sich der Liebe, und sein heiliger Statthalter sprach seinen Segen dazu. Und ihr Glück und ihre Liebe faßte selig Eine Wohnung, Ein Bett, und Ein Grab.

FERNANDO. Gott im Himmel, der du uns Engel sendest in der Not, 346 schenk uns die Kraft, diese gewaltigen Erscheinungen zu ertragen! – Mein Weib! –

Er fällt wieder zusammen.

CÄCILIE *eröffnet die Türe des Kabinetts und ruft.* Stella!

STELLA *ihr um den Hals fallend.* Gott! Gott!

FERNANDO *springt auf in der Bewegung zu fliehen.*

CÄCILIE *faßt ihn.* Stella! nimm die Hälfte des, der ganz dein ist – du hast ihn gerettet – von ihm selbst gerettet – du gibst mir ihn wieder!

FERNANDO. Stella! *Er neigt sich zu ihr.*

STELLA. Ich faß es nicht!

CÄCILIE. Du fühlst's.

STELLA *an seinem Hals.* Ich darf? – –

CÄCILIE. Dankst du mir's, daß ich dich Flüchtling zurückhielt?

STELLA *an ihrem Hals.* O du! – –

FERNANDO *beide umarmend.* Mein! Mein!

STELLA *seine Hand fassend, an ihm hangend.* Ich bin dein!

CÄCILIE *seine Hand fassend, an seinem Hals.* Wir sind dein! 347

Biographie

1749   *28. August:* Johann Wolfgang Goethe wird in Frankfurt am Main als Sohn des Kaiserlichen Rates Dr. jur. Johann Caspar Goethe und seiner Frau Catharina Elisabeth, geb. Textor, geboren. Die Eltern legen großen Wert auf die Ausbildung Goethes. Bereits früh erhält er Privatunterricht in Latein, Griechisch, Englisch und Italienisch sowie im Schönschreiben.

1750   *Dezember:* Geburt der Schwester Cornelia.

1757   Erste literarische Versuche.

1764   *April:* Goethe erlebt als Zuschauer die Kaiserkrönung Josephs II. in Frankfurt.

1765   *Oktober:* Goethe immatrikuliert sich in Leipzig zum Jurastudium. Außerdem hört er Vorlesungen in Philosophie und Philologie, unter anderem bei Christian Fürchtegott Gellert und Johann Christoph Gottsched.
Dezember: Beginn des Zeichenunterrichts bei Adam Friedrich Oeser, der ihn zugleich mit den Ideen Johann Joachim Winckelmanns vertraut macht.

1766   Liebesbeziehung zu Anna Katharina (Käthchen) Schönkopf.

1767   Erste Arbeit am Schäferspiel »Die Laune des Verliebten« (private Uraufführung 1779, öffentliche Erstaufführung 1805, Erstdruck 1806).

1768   *Frühjahr:* Aufenthalt in Dresden.
Ende der Liebesbeziehung zu Käthchen Schönkopf.
Juli: Goethe erleidet einen Blutsturz.
August–September: Reise von Leipzig nach Frankfurt am Main.
Dezember: Schwere Krankheit mit lebensgefährlicher Krise. Es folgt eine längere Periode der Rekonvaleszenz.

1769   Beschäftigung mit Fragen der Kunsttheorie, vor allem setzt Goethe sich mit Gotthold Ephraim Lessings »Laokoon« und Johann Gottfried Herders »Kritischen Wäldern« auseinander.

1770   Goethe entschließt sich, das Studium in Straßburg und – nach der Promotion – in Paris fortzusetzen.
April: Goethe schreibt sich in Straßburg zum Jurastudium ein. Allerdings interessiert er sich wenig für die Rechtswissenschaften, sondern hört vor allem medizinische Vorlesungen über

Anatomie und Chirurgie, daneben beschäftigt er sich mit Geschichte und Staatswissenschaften.

Oktober: Erster Besuch in Sesenheim. Bekanntschaft mit Friederike Brion, der Tochter des dortigen Pfarrers.

Bekanntschaft mit Johann Gottfried Herder, der tiefen Einfluss auf Goethe ausübt.

1771 Bekanntschaft mit Jakob Michael Reinhold Lenz, der als Hofmeister zweier kurländischer Edelleute nach Straßburg kommt.

August: Goethe wird zum Lizentiaten der Rechte promoviert. Anschließend Rückkehr nach Frankfurt am Main, wo er beim Schöffengericht als Rechtsanwalt zugelassen wird.

November: Niederschrift der »Geschichte Gottfriedens von Berlichingen mit der eisernen Hand dramatisiert« (Erstdruck 1832).

1772 *Januar:* Bekanntschaft mit dem Kriegszahlmeister und Schriftsteller Johann Heinrich Merck und dem Darmstädter Zirkel der Empfindsamen.

Intensive Mitarbeit an den »Frankfurter Gelehrten Anzeigen«.

Mai: Goethe wird Praktikant am Reichskammergericht in Wetzlar.

Bekanntschaft mit Charlotte Buff.

Fertigstellung des Hymnus »Von deutscher Baukunst«, der gemeinsam mit Aufsätzen von Herder innerhalb des Sammelbandes »Von deutscher Art und Kunst« erscheint.

September: Goethe verlässt Wetzlar und wandert nach Ems. Anschließend Besuch bei Sophie von La Roche in Thal-Ehrenbreitenstein.

Bekanntschaft mit Johanna Katharina Sybilla Fahlmer.

Reisen nach Wetzlar und Darmstadt.

Vermutlich am Ende des Jahres beginnt Goethe mit der Niederschrift der ersten Szenen zum »Faust«, an dessen Urfassung er bis 1775 arbeitet.

1773 Aufenthalt in Darmstadt.

November: Hochzeit der Schwester Cornelia mit Johann Georg Schlosser und deren Umzug nach Emmendingen.

Goethe und Merck veröffentlichen die überarbeitete Fassung des »Götz« im Selbstverlag.

1774 *Januar:* Im »Göttinger Musenalmanach« erscheinen erstmals Gedichte von Goethe.

Innerhalb weniger Wochen verfasst Goethe den Briefroman »Die Leiden des jungen Werthers«, der im Herbst erscheint. Das von orthodoxen Theologen erwirkte Verbot wegen Gefährdung der Moral kann den Siegeszug des Romans nicht aufhalten, der mit zahllosen Neuauflagen, Raubdrucken und Imitationen zu Goethes einzigem Erfolgswerk auf dem literarischen Markt wird. Ein regelrechtes Werther-Fieber erfasst die junge Generation.

Beginn der Briefwechsels mit Gottfried August Bürger, Johann Caspar Lavater und Friedrich Gottlieb Klopstock.

Freundschaft mit Friedrich Maximilian Klinger.

April: Das Drama »Götz von Berlichingen mit der eisernen Hand« wird in Berlin uraufgeführt.

Frühsommer: Konzeption des Trauerspiels »Egmont«.

Fertigstellung des Trauerspiels »Clavigo« in einer knappen Woche (Buchausgabe im gleichen Jahr).

Sommer: Lahn- und Rheinreise mit Johann Kaspaar Lavater und Johann Bernhard Basedow.

In Elberfeld Zusammentreffen mit Johann Heinrich Jung-Stilling, Johann Georg Jacobi, Wilhelm Heinse und Friedrich Heinrich Jacobi.

Oktober: Goethe lernt Klopstock kennen.

Erste Begegnung mit Erbprinz Karl August von Sachsen-Weimar-Eisenach in Frankfurt am Main.

1775 Bekanntschaft mit Maler Müller.

Liebesbeziehung zu Lili Schönemann.

Februar: Goethe schreibt das Schauspiel »Stella« (Buchausgabe 1776).

April: Verlobung mit Lili Schönemann.

Mai: Erste Reise in die Schweiz (bis Juli).

September: Herzog Karl August übernimmt die Regierung des Herzogtums Sachsen-Weimar-Eisenach und lädt Goethe nach Weimar ein.

Oktober: Lösung des Verlöbnisses mit Lili Schönemann.

November: Ankunft in Weimar.

Bekanntschaft mit Charlotte von Stein.

1776   Beginn der Freundschaft mit Christoph Martin Wieland.
        Frühjahr: Aufenthalt in Leipzig.
        April: Goethe zieht in ein Gartenhäuschen an den Ilmwiesen,
        wo er bis Juni 1782 wohnt.
        Juni: Er tritt in den weimarischen Staatsdienst ein und wird
        zum Geheimen Legationsrat ernannt.
        Oktober: Durch Vermittlung Goethes und Wielands kommt
        Johann Gottfried Herder als Generalsuperintendent nach
        Weimar.
        Dezember: Reise nach Leipzig und Wörlitz.
1777   Beginn der Arbeit an dem Roman »Wilhelm Meisters theatra-
        lische Sendung«.
        Juni: Tod der Schwester Cornelia.
        September–Oktober: Reisen nach Eisenach und auf die Wart-
        burg.
        November–Dezember: Goethe reitet allein durch den Harz und
        besteigt den Brocken.
1778   *Mai:* Reise mit Herzog Karl August über Leipzig und Wörlitz
        nach Berlin und Potsdam.
        September: Aufenthalte in Erfurt, Eisenach, Wilhelmsthal, auf
        der Wartburg und in Jena.
        Dezember: Wiederaufnahme der Arbeit an dem Trauerspiel
        »Egmont«.
1779   *Januar:* Goethe übernimmt die Leitung der Kriegs- und der
        Wegebaukommission (bis zum Antritt der italienischen Reise
        1786).
        März: Goethe schließt die Arbeit an der ersten Fassung des
        Dramas »Iphigenie auf Tauris« ab, das im April in Weimar
        uraufgeführt wird. Goethe übernimmt dabei die Rolle des
        Orests.
        September: Goethe wird zum Geheimen Rat ernannt.
        Zweite Reise in die Schweiz mit Karl August über Kassel
        (Treffen mit Georg Forster). In Zürich wohnt Goethe bei La-
        vater. Treffen mit Johann Jakob Bodmer.
        Dezember: Rückreise über Stuttgart, Karlsruhe, Mannheim,
        Frankfurt und Darmstadt.
1780   *Mai:* Aufenthalt in Erfurt.
        Sommer: Fertigstellung des Dramas »Die Vögel. Nach dem

Aristophanes« (Buchausgabe 1787).

August: Uraufführung der »Vögel« in Ettersburg.

Oktober: Beginn der Ausarbeitung des »Torquato Tasso«.

1781 Teilnahme an der Weimarer Hofgesellschaft in Tiefurt.

Oktober: In Jena hört Goethe Vorlesungen über Anatomie.

November: Goethe beginnt, im »Freien Zeichen-Institut« Anatomievorträge zu halten.

Dezember: Reisen nach Gotha, Eisenach und Erfurt.

1782 *März:* Goethe reist als Abgesandter des Herzogs an die thüringischen Höfe.

April: Kaiser Joseph II. erhebt Goethe in den Adelsstand.

Mai: Tod des Vaters.

Juni: Einzug in das Haus am Frauenplan.

Nach Entlassung des Kammerpräsidenten Johann August Alexander von Kalb übernimmt Goethe die Leitung der Finanzverwaltung.

Dezember: Aufenthalte in Erfurt, Neunheiligen, Dessau und Leipzig.

1783 *Februar:* Goethe wird in den Illuminatenorden aufgenommen.

Aufenthalte in Ilmenau, Jena, Erfurt, Gotha und Wilhelmsthal.

September–Oktober: Zweite Reise in den Harz, nach Göttingen und nach Kassel.

1784 *März:* Goethe entdeckt in Jena den Zwischenkieferknochen am menschlichen Obergebiss.

August: Dritte Reise in den Harz.

September: Friedrich Heinrich Jacobi besucht Goethe.

1785 *März:* Beginn der Studien zur Botanik.

Juni–August: Reise durch das Fichtelgebirge nach Karlsbad mit Karl Ludwig von Knebel. Erster Kuraufenthalt in Karlsbad, dort Zusammentreffen mit Frau von Stein und Johann Gottfried Herder.

Abschluß des Romans »Wilhelm Meisters theatralische Sendung« (der ersten Fassung des Romans »Wilhelm Meisters Lehrjahre«).

1786 *Juli–August:* Zweiter Aufenthalt in Karlsbad.

September: Goethe bricht heimlich von Karlsbad nach Italien auf. Zunächst reist er über München, Innsbruck, Verona und Padua nach Venedig, wo er zwei Wochen bleibt.

Oktober: Weiterreise über Bologna und Florenz nach Rom.

Dezember: Abschluss der endgültigen Fassung des Dramas »Iphigenie auf Tauris« (erscheint 1787 in den »Schriften«).

1787 *Februar:* Abreise nach Neapel und Sizilien.

März: Goethe besteigt den Vesuv und besucht Pompeji mit Johann Heinrich Wilhelm Tischbein.

August: Abschluss der Arbeit am Drama »Egmont«.

Bei Georg Joachim Göschen in Leipzig beginnt die erste rechtmäßige Ausgabe von Goethes »Schriften« (8 Bände, 1787–90) zu erscheinen.

1788 *April:* Abschied von Rom.

Juni: Goethe kehrt nach Weimar zurück.

Juli: Zunehmende Entfremdung zwischen Goethe und Charlotte von Stein seit Goethes Rückkehr.

Beginn der Liebesbeziehung zu Christiane Vulpius.

Goethe löst die Beziehung zu Charlotte von Stein.

September: Erste Begegnung mit Friedrich Schiller in Rudolstadt.

1789 *September:* Goethe reist nach Aschersleben und in den Harz.

Dezember: Bekanntschaft mit Wilhelm von Humboldt.

Geburt des Sohnes Julius August Walther.

Goethe beendet die Arbeit an dem Drama »Torquato Tasso« (erscheint 1790 in den »Schriften«).

1790 *Januar:* Abschluss der Umarbeitung von »Faust. Ein Fragment« (erscheint in den »Schriften« sowie selbstständig).

März–Mai: Aufenthalt in Venedig.

Juli: Goethe reist nach Schlesien in das preußische Feldlager, nach Krakau und Czenstochau.

Oktober: Rückkehr nach Weimar.

»Die Metamorphose der Pflanzen« (naturwissenschaftliche Schrift).

1791 *Januar:* Goethe übernimmt die Leitung des Weimarer Hoftheaters.

März: Das Drama »Egmont« wird in Weimar uraufgeführt.

1792 *August–Oktober:* Goethe nimmt im Gefolge des Herzogs Karl August am Feldzug gegen das revolutionäre Frankreich teil.

November: Aufenthalt in Düsseldorf bei Friedrich Heinrich Jacobi.

Dezember: Goethe besucht die Fürstin Gallitizin in Münster.

Die zweite Werkausgabe, »Goethes neue Schriften«, erscheint bei Johann Friedrich Unger in Berlin (7 Bände, 1792–1800).

1793 *April:* In wenigen Tagen schreibt Goethe das Lustspiel »Der Bürgergeneral«.

Mai–Juli: Aufenthalt in Mainz als Beobachter bei der Belagerung der Stadt.

Entstehung des Versepos »Reineke Fuchs« (erscheint 1794 in den »Neuen Schriften«).

November: Geburt der Tochter Caroline, die kurz darauf stirbt.

1794 *August:* Ein Brief Schillers mit einer Charakteristik von Goethes Geistesart leitet die Freundschaft und Zusammenarbeit der beiden Schriftsteller ein.

Oktober: Goethe stimmt Schillers philosophisch-ästhetischer Abhandlung »Über die ästhetische Erziehung des Menschen in einer Reihe von Briefen« zu.

Verkehr im Kreise der Jenaer Professoren.

Goethe beendet seine Novellendichtung »Unterhaltungen deutscher Ausgewanderten«, die 1795/97 in Schillers Zeitschrift »Die Horen« erscheint.

1795 *Juli–August:* Kuraufenthalt in Karlsbad.

»Wilhelm Meisters Lehrjahre« (1.–4. Band).

1796 *Mai:* Bekanntschaft mit August Wilhelm Schlegel.

Goethe schließt die Arbeit an dem Versepos »Hermann und Dorothea« ab (erscheint im folgenden Jahr).

Gemeinsame Arbeit mit Schiller am »Musen-Almanach für das Jahr 1797« (erscheint September 1796), dem so genannten »Xenien-Almanach«.

Beginn der Verbindung mit Carl Friedrich Zelter in Berlin, aus der bald eine tiefe Freundschaft erwächst.

Der singuläre »Briefwechsel zwischen Goethe und Zelter in den Jahren 1796 bis 1832« (6 Bände, 1833–34) wird nach dem Tod beider Freunde von Friedrich Wilhelm Riemer ediert.

1797 *März:* Bekanntschaft mit Friedrich Schlegel.

Schiller vermittelt die Bekanntschaft mit Johann Friedrich Cotta in Tübingen, der in den folgenden Jahrzehnten Goethes Hauptverleger wird.

Gemeinsame Arbeit mit Schiller am »Musen-Almanach für

das Jahr 1798« (erscheint Oktober 1797), dem so genannten »Balladen-Almanach«.

August: Goethe reist in die Schweiz.

Dezember: Goethe übernimmt die Oberaufsicht über die Bibliothek und das Münzkabinett in Weimar.

Arbeit an der Neufassung des »Faust«.

1798 *März:* Goethe lernt Novalis kennen.

Juni: Fertigstellung der Elegie »Die Metamorphose der Pflanzen«.

Oktober: Die von Goethe herausgegebene Kunstzeitschrift »Propyläen« beginnt zu erscheinen (1798–1800).

1799 Erste Kunstausstellung der Weimarer Kunstfreunde.

3. Dezember: Schiller siedelt von Jena nach Weimar über.

1800 *April:* Reise mit Herzog Karl August nach Leipzig und Dessau.

1801 *Januar:* Goethe erkrankt an Gesichtsrose.

Juni: Reise mit dem Sohn August zur Kur nach Pyrmont. Aufenthalte in Göttingen und Kassel.

Oktober: Georg Wilhelm Friedrich Hegel besucht Goethe in Weimar.

1802 Goethe hält sich häufig in Jena auf.

Januar: Besuch von Friedrich de la Motte Fouqué.

Februar: Erster Besuch von Zelter in Weimar.

Juni/Juli: Aufenthalte in Lauchstädt, Halle und Giebichenstein.

Dezember: Geburt der Tochter Kathinka, die bald darauf stirbt.

1803 *Mai:* Reise nach Lauchstädt, Halle, Merseburg und Naumburg.

September: Friedrich Wilhelm Riemer wird Hauslehrer von Goethes Sohn.

November: Goethe übernimmt die Oberaufsicht über die naturwissenschaftlichen Institute der Universität Jena.

1804 *August–September:* Aufenthalte in Lauchstädt und Halle.

September: Goethe wird zum Wirklichen Geheimen Rat mit dem Prädikat Exzellenz ernannt.

1805 Mehrmalige schwere Erkrankung Goethes (Nierenkolik).

9. Mai: Tod Schillers.

Juli–September: Aufenthalte in Lauchstädt.

August: In einem Artikel in der »Jenaischen Allgemeinen Literatur-Zeitung« spricht sich Goethe gegen die romantische Kunst aus.

Reise nach Magdeburg und Halberstadt.

Besuch in Jena, Zusammentreffen mit Achim von Arnim und Prinz Louis Ferdinand von Preußen.

»Winckelmann und sein Jahrhundert«.

Goethes Übersetzung von »Rameaus Neffe. Ein Dialog« von Denis Diderot erscheint.

1806 *April:* Goethe schließt »Faust. Der Tragödie Erster Teil« ab (Buchausgabe 1808).

Juni–August: Kuraufenthalt in Karlsbad.

Oktober: Heirat mit Christiane Vulpius.

1807 Erste Entwürfe zu dem Roman »Wilhelm Meisters Wanderjahre«.

April: Bettina Brentano besucht Goethe.

Mai–September: Goethe hält sich zur Kur in Karlsbad auf.

Bekanntschaft mit Minchen Herzlieb.

1808 *Mai–September:* Aufenthalte in Karlsbad und Franzensbad.

September: Tod der Mutter Goethes.

1809 Goethe schließt den Roman »Die Wahlverwandtschaften« ab (Buchausgabe im gleichen Jahr).

1810 *Mai–September:* Aufenthalte in Karlsbad, Teplitz und Dresden.

Goethes naturwissenschaftliches Hauptwerk »Zur Farbenlehre« (2 Bände) erscheint.

1811 *Mai–Juni:* In Karlsbad mit Christiane Vulpius und Friedrich Wilhelm Riemer.

Beginn der Arbeit an »Dichtung und Wahrheit«. Die ersten drei Teile erscheinen zwischen 1811 und 1813, der vierte und letzte 1833 in der Ausgabe letzter Hand.

1812 *Mai–September:* Aufenthalte in Karlsbad und Teplitz.

Begegnungen mit Ludwig van Beethoven und Kaiserin Maria Ludovica von Österreich.

1813 *April–August:* Aufenthalt in Naumburg, Dresden und Teplitz.

November: Goethe lernt Arthur Schopenhauer kennen.

Beginn der Arbeit an der »Italienischen Reise« (3 Bände, 1816–29) als Fortsetzung seines autobiographischen Werkes.

1814 *Mai–Juni:* Aufenthalt in Bad Berka bei Weimar.

Juni: Goethe schreibt die ersten Gedichte der Sammlung »West-östlicher Divan«.

Juli–Oktober: Reise an den Rhein und den Main.

Goethe besucht die Brüder Boisserée in Heidelberg.

1815 *Mai:* Zweite Reise an Rhein und Main.

Juli: Fahrt von Nassau nach Köln mit dem Freiherrn v. Stein.

Dezember: Goethe wird zum Staatsminister ernannt.

Goethe schreibt mehr als 140 Gedichte für den »West-östlichen Divan«.

1816 *6. Juni:* Nach schwerer Erkrankung stirbt Goethes Frau Christiane.

Juli–September: Aufenthalt in Bad Tennstedt.

Gemeinsam mit Johann Heinrich Meyer gibt Goethe die Kunstzeitschrift »Über Kunst und Altertum« (6 Bände, 1816–32) heraus.

1817 *April:* Goethe gibt die Leitung des Hoftheaters auf.

Juni: Heirat des Sohnes August mit Ottilie von Pogwisch.

1818 *April:* Geburt des Enkels Walther.

Juli–September: Aufenthalt in Karlsbad.

1819 Goethe beendet die Arbeit am »West-östlichen Divan« (erscheint im gleichen Jahr, erweiterte Ausgabe in 2 Bänden 1827).

August/September: Aufenthalt in Karlsbad.

1820 *April:* Zur Kur nach Karlsbad.

September: Geburt des Enkels Wolfgang.

1821 *Juli–September:* Aufenthalte in Marienbad und Eger.

Goethe begegnet zum ersten Mal Ulrike von Levetzow.

1822 *Juni–August:* Aufenthalte in Marienbad und Eger.

Goethe beendet die Niederschrift der autobiographischen Schrift »Campagne in Frankreich 1792. Belagerung von Mainz« (erscheint im gleichen Jahr).

1823 *Februar:* Goethe erkrankt an einer Herzbeutel- und Rippenfellentzündung.

Juni: Johann Peter Eckermann besucht Goethe.

Juli–August: Letzte Kur in Marienbad.

August–September: Aufenthalte in Eger und Karlsbad.

1824 *Juli:* Bettina von Arnim besucht Goethe.

Oktober: Besuch von Heinrich Heine.

1825 *Februar:* Goethe nimmt die Arbeit am »Faust II« wieder auf.

1826 *August –September:* Bettina von Arnim besucht Goethe.

September: Besuch des Fürsten von Pückler-Muskau.

September/Oktober: Franz Grillparzer ist für einige Tage Goethes Gast.

Dezember: Alexander und Wilhelm von Humboldt zu Besuch.

1827   *Januar:* Tod der Freundin Charlotte von Stein.

Besuche von Zelter und Hegel.

Oktober: Geburt der Enkelin Alma.

Bei Cotta in Tübingen erscheint der erste Band der Ausgabe letzter Hand (40 Bände, 1827–30, postum 20 Bände 1832–42).

1828   Besuch von Ludwig Tieck.

Juni: Tod des Großherzogs Karl August.

Juli–September: Aufenthalt auf der Dornburg.

Der »Briefwechsel zwischen Goethe und Schiller in den Jahren 1794 bis 1805« (6 Bände 1828–29) wird veröffentlicht.

1829   *Januar:* Der erste Teil des »Faust« wird in Braunschweig unter der Regie von Ernst August Friedrich Klingemann uraufgeführt.

Goethe beendet die Überarbeitung seines Romans »Wilhelm Meisters Wanderjahre« (erscheint im gleichen Jahr in den »Werken«).

1830   *Februar:* Tod der Großherzogin Luise.

Mai–Juni: Der Komponist Felix Mendelssohn-Bartholdy besucht Goethe.

Oktober: Tod des Sohnes August in Rom.

November: Goethe erleidet einen Blutsturz.

1831   *Juli:* Goethe beendet die Arbeit an »Faust. Der Tragödie Zweiter Teil« (erscheint nach Goethes Tod 1832 in den »Werken«).

August: Aufenthalt in Ilmenau.

1832   *22. März:* Nach einwöchiger Krankheit stirbt Goethe.

26. März: Beisetzung in der Weimarer Fürstengruft.

HOFENBERG

HOFENBERG

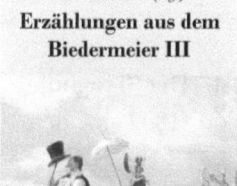

HOFENBERG

Erzählungen aus dem Biedermeier

Biedermeier - das klingt in heutigen Ohren nach langweiligem Spießertum, nach geschmacklosen rosa Teetässchen in Wohnzimmern, die aussehen wie Puppenstuben und in denen es irgendwie nach »Omma« riecht.

Zu Recht. Aber nicht nur.

Biedermeier ist auch die Zeit einer zarten Literatur der Flucht ins Idyll, des Rückzuges ins private Glück und der Tugenden. Die Menschen im Europa nach Napoleon hatten die Nase voll von großen neuen Ideen, das aufstrebende Bürgertum forderte und entwickelte eine eigene Kunst und Kultur für sich, die unabhängig von feudaler Großmannssucht bestehen sollte.

Georg Büchner Lenz **Karl Gutzkow** Wally, die Zweiflerin **Annette von Droste-Hülshoff** Die Judenbuche **Friedrich Hebbel** Matteo **Jeremias Gotthelf** Elsi, die seltsame Magd **Georg Weerth** Fragment eines Romans **Franz Grillparzer** Der arme Spielmann **Eduard Mörike** Mozart auf der Reise nach Prag **Berthold Auerbach** Der Viereckig oder die amerikanische Kiste

ISBN 978-3-8430-1884-5, 444 Seiten, 29,80 €

Erzählungen aus dem Biedermeier II

Annette von Droste-Hülshoff Ledwina **Franz Grillparzer** Das Kloster bei Sendomir **Friedrich Hebbel** Schnock **Eduard Mörike** Der Schatz **Georg Weerth** Leben und Taten des berühmten Ritters Schnapphahnski **Jeremias Gotthelf** Das Erdbeerimareili **Berthold Auerbach** Lucifer

ISBN 978-3-8430-1885-2, 440 Seiten, 29,80 €

Erzählungen aus dem Biedermeier III

Eduard Mörike Lucie Gelmeroth **Annette von Droste-Hülshoff** Westfälische Schilderungen **Annette von Droste-Hülshoff** Bei uns zulande auf dem Lande **Berthold Auerbach** Brosi und Moni **Jeremias Gotthelf** Die schwarze Spinne **Friedrich Hebbel** Anna **Friedrich Hebbel** Die Kuh **Jeremias Gotthelf** Barthli der Korber **Berthold Auerbach** Barfüßele

ISBN 978-3-8430-1886-9, 452 Seiten, 29,80 €

Erzählungen der Frühromantik

Erzählungen der Hochromantik

Erzählungen der Spätromantik

Erzählungen der Frühromantik

1799 schreibt Novalis seinen Heinrich von Ofterdingen und schafft mit der blauen Blume, nach der der Jüngling sich sehnt, das Symbol einer der wirkungsmächtigsten Epochen unseres Kulturkreises. Ricarda Huch wird dazu viel später bemerken: »Die blaue Blume ist aber das, was jeder sucht, ohne es selbst zu wissen, nenne man es nun Gott, Ewigkeit oder Liebe.«

Tieck Peter Lebrecht **Günderrode** Geschichte eines Braminen **Novalis** Heinrich von Ofterdingen **Schlegel** Lucinde **Jean Paul** Des Luftschiffers Giannozzo Seebuch **Novalis** Die Lehrlinge zu Sais
ISBN 978-3-8430-1878-4, 416 Seiten, 29,80 €

Erzählungen der Hochromantik

Zwischen 1804 und 1815 ist Heidelberg das intellektuelle Zentrum einer Bewegung, die sich von dort aus in der Welt verbreitet. Individuelles Erleben von Idylle und Harmonie, die Innerlichkeit der Seele sind die zentralen Themen der Hochromantik als Gegenbewegung zur von der Antike inspirierten Klassik und der vernunftgetriebenen Aufklärung.

Chamisso Adelberts Fabel **Jean Paul** Des Feldpredigers Schmelzle Reise nach Flätz **Brentano** Aus der Chronika eines fahrenden Schülers **Motte Fouqué** Undine **Arnim** Isabella von Ägypten **Chamisso** Peter Schlemihls wundersame Geschichte **Hoffmann** Der Sandmann **Hoffmann** Der goldne Topf
ISBN 978-3-8430-1879-1, 408 Seiten, 29,80 €

Erzählungen der Spätromantik

Im nach dem Wiener Kongress neugeordneten Europa entsteht seit 1815 große Literatur der Sehnsucht und der Melancholie. Die Schattenseiten der menschlichen Seele, Leidenschaft und die Hinwendung zum Religiösen sind die Themen der Spätromantik.

Brentano Die drei Nüsse **Brentano** Geschichte vom braven Kasperl und dem schönen Annerl **Hoffmann** Das steinerne Herz **Eichendorff** Das Marmorbild **Arnim** Die Majoratsherren **Hoffmann** Das Fräulein von Scuderi **Tieck** Die Gemälde **Hauff** Phantasien im Bremer Ratskeller **Hauff** Jud Süss **Eichendorff** Viel Lärmen um Nichts **Eichendorff** Die Glücksritter
ISBN 978-3-8430-1880-7, 440 Seiten, 29,80 €

Dekadente Erzählungen

Im kulturellen Verfall des Fin de siècle wendet sich die Dekadenz ab von der Natur und dem realen Leben, hin zu raffinierten ästhetischen Empfindungen zwischen ausschweifender Lebenslust und fatalem Überdruss. Gegen Moral und Bürgertum frönt sie mit überfeinen Sinnen einem subtilen Schönheitskult, der die Kunst nichts anderem als ihr selbst verpflichtet sieht.

Rainer Maria Rilke Die Aufzeichnungen des Malte Laurids Brigge **Joris-Karl Huysmans** Gegen den Strich **Hermann Bahr** Die gute Schule **Hugo von Hofmannsthal** Das Märchen der 672. Nacht **Rainer Maria Rilke** Die Weise von Liebe und Tod des Cornets Christoph Rilke

ISBN 978-3-8430-1881-4, 412 Seiten, 29,80 €

Erzählungen aus dem Sturm und Drang

Zwischen 1765 und 1785 geht ein Ruck durch die deutsche Literatur. Sehr junge Autoren lehnen sich auf gegen den belehrenden Charakter der - die damalige Geisteskultur beherrschenden - Aufklärung. Mit Fantasie und Gemütskraft stürmen und drängen sie gegen die Moralvorstellungen des Feudalsystems, setzen Gefühl vor Verstand und fordern die Selbstständigkeit des Originalgenies.

Jakob Michael Reinhold Lenz Zerbin oder Die neuere Philosophie **Johann Karl Wezel** Silvans Bibliothek oder die gelehrten Abenteuer **Karl Philipp Moritz** Andreas Hartknopf. Eine Allegorie **Friedrich Schiller** Der Geisterseher **Johann Wolfgang Goethe** Die Leiden des jungen Werther **Friedrich Maximilian Klinger** Fausts Leben, Taten und Höllenfahrt

ISBN 978-3-8430-1882-1, 476 Seiten, 29,80 €

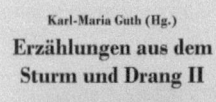

Erzählungen aus dem Sturm und Drang II

Johann Karl Wezel Kakerlak oder die Geschichte eines Rosenkreuzers **Gottfried August Bürger** Münchhausen **Friedrich Schiller** Der Verbrecher aus verlorener Ehre **Karl Philipp Moritz** Andreas Hartknopfs Predigerjahre **Jakob Michael Reinhold Lenz** Der Waldbruder **Friedrich Maximilian Klinger** Geschichte eines Teutschen der neusten Zeit

ISBN 978-3-8430-1883-8, 436 Seiten, 29,80 €